古典文獻研究輯刊

三二編

潘美月・杜潔祥 主編

第 **45** 冊

南宋戲謔詩校注
（第八冊）

張福清 著

國家圖書館出版品預行編目資料

南宋戲謔詩校注（第八冊）／張福清 著 -- 初版 -- 新北市：
花木蘭文化事業有限公司，2021〔民110〕
目 4+194 面；19×26 公分
（古典文獻研究輯刊 三二編；第 45 冊）
ISBN 978-986-518-426-1（精裝）
1. 宋詩 2. 詩話
011.08   110000636

ISBN-978-986-518-426-1

9 789865 184261

古典文獻研究輯刊
三二編　第四五冊　　　　　　　ISBN：978-986-518-426-1

南宋戲謔詩校注（第八冊）

作　　　者　張福清
主　　　編　潘美月、杜潔祥
總 編 輯　杜潔祥
副總編輯　楊嘉樂
編　　　輯　許郁翎、張雅淋　美術編輯　陳逸婷
出　　　版　花木蘭文化事業有限公司
發 行 人　高小娟
聯絡地址　235 新北市中和區中安街七二號十三樓
　　　　　　電話：02-2923-1455／傳真：02-2923-1452
網　　　址　http://www.huamulan.tw 信箱 service@huamulans.com
印　　　刷　普羅文化出版廣告事業
初　　　版　2021 年 3 月
全書字數　687400 字
定　　　價　三二編 47 冊（精裝）台幣 120,000 元　　　版權所有‧請勿翻印

南宋戲謔詩校注
（第八冊）

張福清　著

目

次

第八冊

卷三十七 …………………………………… 1243

　金履祥 …………………………………… 1245

　董嗣杲 …………………………………… 1247

　蒲壽宬 …………………………………… 1249

　林桂龍 …………………………………… 1251

　賈雲華 …………………………………… 1253

　文天祥 …………………………………… 1255

　張汝勤 …………………………………… 1257

　孫嵩 ……………………………………… 1259

　莫侖 ……………………………………… 1261

　汪宗臣 …………………………………… 1263

　劉塤 ……………………………………… 1265

　連文鳳 …………………………………… 1267

　林一龍 …………………………………… 1269

　熊朝 ……………………………………… 1271

　戴表元 …………………………………… 1273

　陳普 ……………………………………… 1277

　丘葵 ……………………………………… 1279

　趙必**瑑** ………………………………… 1281

　張紹文 …………………………………… 1283

　羅志仁 …………………………………… 1285

　于石 ……………………………………… 1287

　仇遠 ……………………………………… 1289

　羅公升 …………………………………… 1291

　艾性夫 …………………………………… 1293

卷三十八 …………………………………… 1299

　陸文圭 …………………………………… 1301

　繆鑒 ……………………………………… 1309

　徐瑞 ……………………………………… 1311

　宋無 ……………………………………… 1317

　汪永昶 …………………………………… 1319

　張浩 ……………………………………… 1325

　某名公 …………………………………… 1327

　無名氏 …………………………………… 1329

朱定國 …………………………………… 1331
無名氏 …………………………………… 1333
無名氏 …………………………………… 1335
陳宗遠 …………………………………… 1337
無名氏 …………………………………… 1339
徐用亨 …………………………………… 1341
詹文 ……………………………………… 1343
嵩禪師 …………………………………… 1345
如禪師 …………………………………… 1347
林叔弓 …………………………………… 1349
林石澗 …………………………………… 1351
龍輔 ……………………………………… 1353

卷三十九 ………………………………… 1355

《全宋詩輯補》7 冊～12 冊全宋詩未收錄作者輯錄
……………………………………………… 1357
徐康 ……………………………………… 1357
陳氏子 …………………………………… 1357
章良肱 …………………………………… 1358
王中 ……………………………………… 1358
董鴻 ……………………………………… 1359
史彠 ……………………………………… 1359
吳澄 ……………………………………… 1360
俞琰 ……………………………………… 1361
馬臻 ……………………………………… 1362
鄧林 ……………………………………… 1365
余德鄰 …………………………………… 1366
鄧元觀 …………………………………… 1366
釋照 ……………………………………… 1367
釋祖元 …………………………………… 1368
無名氏 …………………………………… 1369
某學士 …………………………………… 1371
無名氏 …………………………………… 1371
東城野老 ………………………………… 1371
無名氏 …………………………………… 1372
無名氏 …………………………………… 1372

無名氏 ································· 1372

無名氏 ································· 1373

無名氏 ································· 1373

無名氏 ································· 1374

無名氏 ································· 1374

無名氏 ································· 1374

無名氏 ································· 1375

無名氏 ································· 1375

天禧士子 ······························ 1375

無名氏 ································· 1376

無名氏 ································· 1376

無名氏 ································· 1377

下第進士 ······························ 1377

無名氏 ································· 1378

無名氏 ································· 1378

無名氏 ································· 1379

某郡樂人 ······························ 1379

無名氏 ································· 1379

輕薄子 ································· 1380

某知州 ································· 1380

好事者 ································· 1380

河朔生 ································· 1381

洛陽生 ································· 1381

某郡丞 ································· 1381

無名氏 ································· 1381

無名氏 ································· 1382

無名氏 ································· 1382

無名氏 ································· 1382

輕薄子 ································· 1383

溫人某 ································· 1383

無名氏 ································· 1384

無名氏 ································· 1384

無名氏 ································· 1385

無名氏 ································· 1385

某貴人 ································· 1386

好事者 ································· 1386

輕薄子 ……………………………… 1387

韓縝幕吏 ……………………………… 1387

無名氏 ………………………………… 1388

無名氏 ………………………………… 1388

無名氏 ………………………………… 1388

無名氏 ………………………………… 1389

無名氏 ………………………………… 1389

太學生 ………………………………… 1390

無名氏 ………………………………… 1390

輕薄子 ………………………………… 1390

太學生 ………………………………… 1391

太學生 ………………………………… 1391

無名氏 ………………………………… 1392

無名氏 ………………………………… 1392

無名氏 ………………………………… 1393

無名氏 ………………………………… 1394

無名氏 ………………………………… 1394

無名氏 ………………………………… 1394

某士人 ………………………………… 1395

無名氏 ………………………………… 1395

臨安諸生 ……………………………… 1396

無名子 ………………………………… 1396

無名氏 ………………………………… 1396

卷四十 …………………………………… 1397

神仙鬼怪、話本小說、歌謠語諺 ………… 1399

　神仙鬼怪 ……………………………… 1399

　話本小說 ……………………………… 1399

　歌謠語諺 ……………………………… 1400

參考書目 ………………………………… 1407

卷三十七

金履祥

金履祥（1232～1303），初名祥，入學更名開祥。後又更曰履祥。字吉夫（父），學者稱仁山先生，婺州（今浙江金華）人。傳朱熹之學，為一代名儒，宋亡後屏居金華山中，晚年講學於麗澤書院。有《仁山集》等。今錄戲謔詩 2 首。

咸淳夏五求王先生墨戲梅竹二首（並小引）〔1〕

履祥僭躐無狀，輒以梅竹有請於先生。撰杖之餘，比於惠澤，遊戲所到，無非儀刑。願先生之教之也。小詩二闋，敢告謁者，伏希尊察。

梅

溽暑初蒸日正長〔2〕，人間何處有清涼。先生筆下風威勁，便放寒梅次第香。

〔校注〕

〔1〕咸淳：度宗趙禥年號（1265～1274）。咸淳十年七月恭帝即位沿用。次年改元德祐。王先生：不詳。墨戲：隨興而成的寫意畫。《宣和畫譜・墨竹詩意圖》：「閻士安，陳國宛丘人，家世業醫，性喜作墨戲，荊榴枳棘，荒崖斷岸，皆極精妙。」

〔2〕溽（rù）暑：指盛夏氣候潮濕悶熱。

竹

圖書閱罷獨高齋，撰杖油然午蔭回〔1〕。楮穎從容侍函丈〔2〕，不妨閒引此君來〔3〕。

〔校注〕

〔1〕撰杖：執教。油然：悠然；安然。

〔2〕楮穎：紙與筆。亦指文字、書畫。函丈：亦作「函杖」。《禮記·曲禮上》：「若非飲食之客，則布席，席間函丈。」鄭玄注：「謂講問之客也。函，猶容也，講問宜相對容丈，足以指畫也。」原謂講學者與聽講者坐席之間相距一丈。後用以指講學的坐席。

〔3〕此君：《晉書·王徽之傳》：「（徽之）嘗寄居空宅中，便令種竹。或問其故，徽之但嘯詠指竹曰：『何可一日無此君邪！』」後因作竹的代稱。

董嗣杲

董嗣杲，字明德，號靜傳，杭州（今屬浙江）人。度宗咸淳（1265～1274）末，為武康令。宋亡，入山為道士，改名思學，字無益，號老君山人。有《西湖百詠》二卷。今錄戲謔詩 3 首。

家書不至自嘲

客愁難遏鬢華添，晝寢醒來飽黑甜〔1〕。春雨褪花黏蘚屐，晚風吹燕入蘆簾。自知闕下家書斷〔2〕，不過城南卜肆占〔3〕。蕭散形骸天分定，江城惟有醉厭厭〔4〕。

〔校注〕

〔1〕黑甜：酣睡。宋代蘇軾《發廣州》詩：「三杯軟飽後，一枕黑甜餘。」自注：「俗謂睡為黑甜。」

〔2〕闕下：借指京城。唐代賈島《寄毗陵徹公》詩之二：「別離從闕下，道路向山陰。」

〔3〕卜肆：賣卜的鋪子。

〔4〕醉厭厭：醉後精神不振貌。

戲酬李勉之留江州懷琴窗之什〔1〕

當時兩別惜分雙，客了三吳客九江〔2〕。何處揮金曾駐馬，此身懷寶尚迷邦〔3〕。水流歲月添新恨，塵撲簫弦失舊腔。柳下燕樓風雨外〔4〕，夢魂多繞唾茸窗〔5〕。

〔校注〕

〔1〕李勉之：不詳其人。江州：今江西省九江市。

〔2〕三吳：地名。宋代指蘇州、常州、湖州。宋代司馬光《送楊太祝忱知長洲縣》詩：「三吳佳縣首，民物舊熙熙。」九江：簡稱「潯」，古稱潯陽、柴桑、江州，位於今為江西省。

〔3〕懷寶尚迷邦：比喻有才德而不為國用。語本《論語‧陽貨》：「懷其寶而迷其邦，可謂仁乎？」朱熹集注：「懷寶迷邦，謂懷藏道德，不救國之迷亂。」

〔4〕燕樓：樓名，燕子樓。在今江蘇徐州市。相傳為唐貞元時尚書張建封之愛姬關盼盼的居所。張死後，盼盼念舊不嫁，獨居此樓十餘年。

〔5〕唾茸：又稱唾縷。女子刺繡時吐出咬斷的絲線頭。

杜陵至節後詩有遠在劍南思洛陽句予客九江遠過興國至後忽動西湖之感口占實情得四韻何當神交杜陵於夢寐中必亦一笑也〔1〕

杜陵曾吟至後詩，我今客遠愁歸遲。蜀中想重洛陽憶，江上亦起錢塘思〔2〕。地異心同一今古，風饕雪虐共路岐〔3〕。西湖何殊灞橋趣〔4〕，亟歸乘興無復疑。

〔校注〕

〔1〕杜陵：指唐代詩人杜甫。至節：冬至或夏至。劍南：唐代道名。以地區在劍閣之南得名。宋代陸游曾留蜀約十年，喜蜀道風土，因題其生平所為詩曰《劍南詩稿》，後人因以「劍南」稱之。興國：興國縣，位於江西省中南部。西湖：在浙江杭州城西。

〔2〕錢塘：指杭州。

〔3〕風饕：謂風狂暴。

〔4〕灞橋：橋名。本作霸橋。據《三輔黃圖‧橋》：霸橋，在長安東，跨水作橋。漢人送客至此橋，折柳贈別。

蒲壽宬

　　蒲壽宬，一作蒲壽峸，號心泉。泉州（今屬福建）人。其先阿拉伯人，以互市歸宋。理宗初，與其弟蒲壽庚來泉州經商，後被南宋政府授予官職。咸淳中，歷知梅州、吉州等。其詩清淡閒遠。著有《心泉學詩稿》。今錄戲謔詩2首。

戲效浪仙體〔1〕

　　碌碌復碌碌，世事安可卜。馬蹏輕四蹄，夔行矜一足〔2〕。知守吾轍難，遑問羊腸曲。行行復何之，幽人在空谷。

〔校注〕

〔1〕浪仙體：即「賈浪仙體」。指的是一種似賈島清幽而寧靜的詩風。且常常與僧人、山林聯繫在一起。

〔2〕夔一足：《呂氏春秋·察傳》：「魯哀公問於孔子曰：『樂正夔，一足，信乎？』孔子曰：『昔者舜欲以樂傳教於天下，乃令重黎舉夔於草莽之中而進之，舜以為樂正。夔於是正六律，和五聲，以通八風，而天下大服。重黎又欲益求於人，舜曰：「……若夔者一而足矣。」故曰夔一足，非一足也。』」後因以「夔一足」表示有真才者一人即足。

春日聞禽戲題寓廨〔1〕

　　隔牆聽幽咮，入坐春融融。午夢恬不成，始知身在籠。

〔校注〕

〔1〕廨（xiè）：官署，舊時官吏辦公處所的通稱。郡廨，公廨。

林桂龍

　　林桂龍，三山（今福建福州）人。理宗景定四年（1263）丁大全溺死藤
州，有詩相嘲。今錄戲謔詩 3 首。

嘲丁大全

其一

　　一舵中流欠把持，偏輕偏重失便宜〔1〕。孤舟不是無人渡，身作風波
問阿誰〔2〕。

〔校注〕

〔1〕便宜：上風，優勢。

〔2〕阿誰：疑問代詞。猶言誰，何人。

其二

　　移溪實鑿誤明君，驚動沿江十萬軍。幸是不沈湘水死〔1〕，有何面目
見靈均〔2〕。

〔校注〕

〔1〕湘水：即湘江。漢代東方朔《七諫·哀命》：「測汨羅之湘水兮，知時固而不反。」
　　　沈：同「沉」。

〔2〕靈均：戰國楚國文學家屈原的字。

其三

　　稚子如何濟急流，一篙才錯便難收。當初把作尋常看，豈料中流解
覆舟〔1〕。

〔校注〕

〔1〕覆舟：翻船。喻敗亡覆滅。《荀子・王制》：「君者舟也，庶人者水也。水則載舟，水則覆舟。」

賈雲華

賈雲華（生卒年不詳），字娉娉。錢塘（今浙江杭州）人。一說天台人。賈平章（似道）女，與襄陽才子魏鵬指腹為婚。後賈母賴婚，雲華終日不食而卒。事見《奩詩泖補》卷二。張明華《集句詩文獻研究》認為其人其詩出自明李昌祺小說《賈雲華還魂記》，不可信。存疑。今錄戲謔詩1首。

魏鵬負期醉臥戲題練裙〔1〕

暮雨朝雲少定蹤〔2〕，空勞神女下巫峰。襄王自是無情緒，醉臥明月花影中。

〔校注〕

〔1〕《名媛詩歸》卷二十四此詩題作「生員期醉臥戲題練裙」。生員：舊時稱未經大考授官的在府、州、縣學校讀書的學生。練裙：白熟絹做的裙。亦指婦女所著白絹裙。

〔2〕暮雨朝雲：戰國楚國宋玉《高唐賦》：「昔者先王嘗遊高唐，怠而晝寢，夢見一婦人，曰：『妾，巫山之女也，為高唐之客。聞君遊高唐，願薦枕席。』王因幸之。去而辭曰：『妾在巫山之陽，高丘之阻，旦為朝雲，暮為行雨，朝朝暮暮，陽臺之下。』」後以「暮雨朝雲」指男女間的情愛與歡會。全詩用巫山神女與楚襄王歡合作比。

文天祥

文天祥（1236～1283），廬陵（今屬江西吉安）人。初名雲孫，字天祥。選中貢士後，換以天祥為名，改字履善。理宗寶祐四年（1256 年）中狀元後再改字宋瑞，號文山。南宋後期傑出的民族英雄、愛國詩人。著作有《文山先生全集》《文山樂府》，名篇有《正氣歌》《過零丁洋》等。今錄戲謔詩 1 首。

七月十三夜用燈牌字韻湊成一詩與諸賓一笑

赤壁當年賦子虛〔1〕，西風忽復到菰蒲〔2〕。蟾蜍影裏千秋鑒〔3〕，蟋蟀聲中七月圖。詩思飄飄入雲漢，歌聲隱隱動江湖。萬家簫鼓連燈火，見說來年此事無〔4〕。

〔校注〕

〔1〕赤壁：山名。在今湖北武昌西赤磯山，與漢陽南紗帽山隔江相對。北魏酈道元《水經注・江水三》：「江水左徑百人山（今紗帽山）南，右徑赤壁山北，昔周瑜與黃蓋詐魏武大軍處所也。」子虛：漢代司馬相如作《子虛賦》，假託子虛、烏有先生、亡是公三人互相問答。後因稱虛構或不真實的事為「子虛」。

〔2〕菰蒲：菰和蒲。借指湖澤。

〔3〕蟾蜍：《後漢書・天文志上》「言其時星辰之變」南朝梁劉昭注：「羿請無死之藥於西王母，姮娥竊之以奔月……姮娥遂託身於月，是為蟾蜍。」後代指月亮。

〔4〕來年，韓本、四庫本作「年來」。

張汝勤

張汝勤，字賢夫，號霖溪，開化（今屬浙江）人。宋亡不仕。與詩友交往酬唱。今錄戲謔詩 1 首。

戲徐觀空

學詩如學禪，所貴在觀妙。肺肝劇雕鏤〔1〕，乃自鑿其竅。冥心遊象外〔2〕，何物可供眺。空山散雲霧，仰避日初照。曠觀宇宙間，璀璨同暉曜〔3〕。但以此理參，而自足詩料〔4〕。持以問觀空，無言但一笑。

〔校注〕

〔1〕肺肝：比喻內心。雕鏤：比喻刻意修飾文辭。

〔2〕冥心：泯滅俗念，使心境寧靜。象外：謂塵世之外。

〔3〕璀璨：亦作「璀粲」。光彩絢麗。漢代王延壽《魯靈光殿賦》：「汩磑磑以璀璨，赫燡燡而燭坤。」《文選·曹植〈洛神賦〉》：「披羅衣之璀粲兮，珥瑤碧之華琚。」張銑注：「璀粲，明淨貌。」

〔4〕詩料：做詩的材料。

孫　嵩

孫嵩（1238～1292），字元京，休寧（今屬安徽）人。次皋兄。以薦入太學。宋亡隱居海寧山中，自號艮山。有《艮山集》，已佚。今錄戲謔詩 2 首。

戲嘲二子

攻為樂府作〔1〕，吟盡樂府題。不曉張籍與王建〔2〕，筆端欲攬風淒淒〔3〕。大半閒愁生浪語〔4〕，十九他人無與汝〔5〕。擊轅撫缶何如聲〔6〕，奈此瀾翻兩吻鳴〔7〕。

〔校注〕

〔1〕樂府：古代主管音樂的官署。起於漢代。初指樂府官署所採制的詩歌，後將魏晉至唐可以入樂的詩歌，以及仿樂府古題的作品統稱樂府。

〔2〕張籍與王建：唐代詩人，寫出大量優秀的樂府詩，兩人齊名，世稱「張王樂府」。

〔3〕淒淒：寒涼貌。《詩・鄭風・風雨》：「風雨淒淒，雞鳴喈喈。」

〔4〕浪語：妄說；亂說。

〔5〕十九：十分之九。謂絕大多數。

〔6〕擊轅：謂敲打車轅中樂成聲。撫缶（fǔ fǒu）：敲擊瓦製樂器，作為歌唱時的節奏。

〔7〕瀾翻：水勢翻騰貌。這裡形容筆力或文章氣勢奔放跌宕。

黑楊梅全甘乃越上之品移植休寧者暑袢食之蘇醒弄筆戲書〔1〕

　　破暑佳梅慰客心，清姝自有色中黔。頓驚相里酸何似〔2〕，正屬文園渴不禁〔3〕。山樹能生卻暑丹，仙漿巧滴凍冰丸。戲成異狀崑崙黑，全壓同宗越絕酸。

〔校注〕

〔1〕輯自弘治《休寧志》卷三八、《全宋詩輯補》第6冊，第2646頁。暑袢：即袢延，迭韻連綿字，暑熱之氣。《詩經·墉風·君子偕老》：「是紲袢也。」毛亨傳：「絺之靡者為綯，是當暑袢延之服也。」孔穎達疏：「紲袢者，去熱之名，故言袢延之服。袢延，是熱之氣也。」

〔2〕相里：複姓，始祖皋陶，堯時為大理官，其後裔子孫世襲官職，遂以理為姓氏；商末紂王時有理徵其孫仲師為逃紂之禍，理去玉字旁，而稱里氏，至春秋晉惠公三年大夫里克，被惠公所殺，其妻同攜小兒子季連逃居相城地域（今山西省汾陽），遂以地名加原姓改為「相里」氏，稱相里姓。

〔3〕文園：漢司馬相如曾任文園令，代指司馬相如。

莫侖

莫侖，字子山，號兩山，江都（今江蘇揚州）人，寓丹徒（今江蘇鎮江）。度宗咸淳四年（1268）進士。入元不仕。存詩 2 首。今錄戲謔詩 1 首。

書壁〔1〕

又得浮生半日閒，忽聞春盡強登山。因過竹院逢僧話，終日昏昏醉夢間。〔2〕

〔校注〕

〔1〕輯自《全宋詩輯補》第 6 冊，第 2650 頁。

〔2〕《湛淵靜語》：莫子山遊寺因遇僧人鄙濁，乃將唐李涉《題鶴林寺僧舍》一詩首末句對調，題壁嘲之。

汪宗臣

汪宗臣（1239～1330），字公輔，號紫岩，婺源（今屬江西）人。度宗咸淳二年、六年兩中亞選。宋亡不仕。元至順元年卒，年九十二。著有《世乘窺斑》，又有《紫岩集》四卷，已佚。今錄戲謔詩 1 首。

嘲賈似道〔1〕

賈秋壑，魏公爵，台州鬼〔2〕，揚州鶴。氣盈色驕逞才略，欺天罔人無愧怍。帷幄不能籌〔3〕，金湯弗能作〔4〕。費盡世間鐵，鑄此一大錯〔5〕。關子形模賈字同〔6〕，生兒德祐紀元中。甚慚嬰杵心莽卓〔7〕，十可斬書真諤諤〔8〕。鑼聲三下東江頭〔9〕，鐵鞭一揮南海角〔10〕。假賈偽魏至於斯，嗚呼似道道奚若。宋亡感激忠義多，遺臭如君梟獍惡〔11〕。

〔校注〕

〔1〕賈似道（1213～1275）：南宋末年丞相。字師憲，台州天台（今屬浙江）人。因姊為理宗寵妃而得進用。1259 年以右丞相領兵救鄂州（今湖北武昌）之圍，私向蒙古忽必烈乞和，蒙古兵退後則謊稱大勝。度宗時權勢更盛，朝廷大政決於其私宅中。1275 年，元軍沿江東下，他被迫出兵，大敗，後被革職放逐，被監送人殺死。

〔2〕台州鬼：自注：俗呼台州人為臺鬼。

〔3〕帷幄：指謀臣或謀劃之任。

〔4〕金湯：金城湯池，金屬造的城，沸水流淌的護城河。形容城池險固。

〔5〕自注：唐末羅紹威云，聚六州鐵鑄此大錯。

〔6〕自注：關子上印文與賈字相同。

〔7〕嬰杵：自注：程嬰、杵臼。莽卓：自注：王莽、董卓。

〔8〕十可斬書：自注：方虛谷奏其罪十可斬。　　諤諤：直言爭辯貌。

〔9〕自注：太平江鑼三下，諸軍解散。

〔10〕自注：後貶廣南，途中受押者鐵鞭而死。

〔11〕自注：梟食父，獍食母。　　梟獍：亦作「梟鏡」。舊說梟為惡鳥，生而食母；
　　　獍為惡獸，生而食父。比喻忘恩負義之徒或狠毒的人。

劉壎

劉壎（1240～1319）字起潛，號水雲村，南豐（今屬江西）人。宋末與同里諶祐俱以詩文名，年三十七宋亡，越十八年薦為本州學正，年七十為延平路儒學教授。著有《水雲邨稿》《隱居通議》等。今錄戲謔詩 1 首。

嘲賈似道

三百年餘歷數更，東南萬里看升平。黃金臺上麒麟閣〔1〕，混一元勳是賈生〔2〕。

〔校注〕

〔1〕黃金臺：亦稱招賢臺，戰國時期燕昭王築，為燕昭王尊師郭隗之所。麒麟閣：漢朝閣名，供奉功臣。指卓越的功勳或最高的榮譽。

〔2〕元勳：指首功；大功。亦指為建立新的國家或某朝代立大功的人。

連文鳳

　　連文鳳（1240～？），字百正（一作伯正），號應山。三山（今福建福清）人。度宗成淳間入太學，似曾為官。宋亡不仕。至元二十三年（1286）吳謂邀謝翺、方鳳等舉月泉吟社，徵詩四方。文風託名羅公福，入選為第一名。有《百正丙子稿》已佚，清輯有《百正集》，其中詩二卷。今錄戲謔詩 1 首。

自笑

　　自笑儒冠不稱時，幾回堪笑復堪悲。閉門事少知貧好，逆境愁多恨死暹。勳閣麒麟無夢想〔1〕，故山猿鶴有心期〔2〕。紛紛塵俗都如許，吟得詩成欲寄誰。

〔校注〕

〔1〕麒麟：麒麟閣，漢代閣名。在未央宮中。漢宣帝時曾圖霍光等十一功臣像於閣上，以表揚其功績。封建時代多以畫像於「麒麟閣」表示卓越功勳和最高的榮譽。

〔2〕猿鶴：猿和鶴，這借指隱逸之士，作者有歸隱之心。

林一龍

林一龍，字景雲，時稱石室先生，永嘉（今浙江溫州）人。度宗咸淳七年（1271）進士，先任紹興教授，繼任史館檢討，調秘書郎兼說書。晚年在家鄉大若岩寄情山水，徜徉泉石。著有《石室文集》。今錄戲謔詩 1 首。

西省荼蘼架上殘雪可愛戲呈諸友人〔1〕

酴醾花底當年事〔2〕，夜雪模糊照石闌。北省今朝枝上雪〔3〕，還揩病眼作花看。

〔校注〕

〔1〕西省：中書省的別稱。《南史·王韶之傳》：「晉帝自孝武（司馬炎）以來，常居內殿，武官主書於中通呈，以省官一人管詔誥，住西省，因謂之西省郎。」

〔2〕酴醾：花名。

〔3〕北省：指尚書省。因尚書省在宮闕之北，故稱。《北齊書·宋游道傳》：「乃以吏部郎中崔暹為御史中尉，以游道為尚書左丞。文襄謂暹、游道曰：『卿一人處南臺，一人處北省，當使天下肅然。』」

熊　朝

熊朝，字東採，熊震龍子，餘干縣（今屬江西）人，與弟瑞同登度宗咸淳
七年（1271）進士。歷官承直郎、尚書工部掌故。宋亡俱不仕，著《瞿梧集》
以見志。今錄戲謔詩 1 首。

嘲賈似道

近來西北又干戈，獨立斜陽感慨多。雷為元城驅劫火〔1〕，天胡丁謂
活鯨波〔2〕。九原難起先生死，萬世其如公論何。道過雕峰休插竹〔3〕，
想逢寇老續長歌〔4〕。

〔校注〕

〔1〕元城：北宋重臣劉安世，字器之，人稱元城先生，河北大名人。他 78 歲離世
　　時，坐在書房裏，忽然炸雷驟起，驚裂心房，烏雲如黑布把書房包裹，大雨不
　　止，驚天動地。此句即描寫其離世。元城：縣名。始置於西漢。在今河北省大
　　名縣一帶。

〔2〕丁謂：北宋姦臣。被貶雷州半島。鯨波，即指貶地。

〔3〕雕峰：在餘干縣境內，在縣治西南三十里。

〔4〕寇老：指寇準。

戴表元

戴表元（1244～1310），字帥初，一字曾伯，號剡源先生，慶元奉化（今屬浙江）人。度宗咸淳七年（1271）進士。授建寧府教授，後遷臨安教授，未就。元初，隱遁故里。宋末元初名重江南，號稱「東南文章大家」。著有《剡源文集》。今錄戲謔詩5首。

閬風舒先生客居棠溪袁仲素家見示竹簾詩戲作問答二首〔1〕

其一

剡竹吾問君，班班為誰設〔2〕。一登君子堂〔3〕，迥與凡界絕。陂龍鱗故鮮，湘娥淚猶熱〔4〕。既能露文章，匠手安得輟。所憐無可娛，如伴枯禪滅。千金散紅裙〔5〕，一鏡垂白髮。定非夏侯衣〔6〕，高堂掛秋月。

〔校注〕

〔1〕閬風：即閬風巔。舒先生：即舒岳祥。袁仲素：作者詩友，《全宋詩》存其詩。棠溪：地名，其地今屬奉化市。一云棠溪，又名「堂溪」。春秋楚地名。戰國時屬韓。故址在今河南西平縣西北，出產利劍。《戰國策・韓策》：「韓之劍戟，出於棠溪。」《通鑑》：「棠溪之金，天下之利。」

〔2〕班班：絡繹不絕貌；盛多貌。《後漢書・五行志一》：「車班班，入河間者，言上將崩，乘輿班班入河間迎靈帝也。」

〔3〕君子：對人的尊稱。這指袁仲素。

〔4〕湘娥：湘妃，舜二妃娥皇、女英。相傳二妃沒於湘水，遂為湘水之神。

〔5〕紅裙：指美女。唐代韓愈《醉贈張秘書》詩：「不解文字飲，惟能醉紅裙。」

〔6〕夏侯衣：《梁書・夏侯亶傳》：「亶歷為六郡三州，不修產業，祿賜所得，隨散親故。性儉率，居處服用，充足而已，不事華侈。晚年頗好音樂，有妓妾十數人，並無被服姿容。每有客，常隔簾奏之，時謂簾為夏侯妓衣也。」後因以「夏侯衣」指簾子。

其二

何物非可憐，聿向翁戶設〔1〕。翁好詩更佳，蕭然得三絕〔2〕。他家少年叢，徒爾歌舞熱。正如閱優場〔3〕，未久意先輟。翁今一室老，高臥百念滅。湯爐松林風，紙帳梅花雪〔4〕。時時有佳客，文字送日月。

〔校注〕

〔1〕聿：語氣助詞。

〔2〕三絕：指袁仲素之詩、書、畫。

〔3〕優場：演戲的場所。

〔4〕紙帳梅花：同「梅花紙帳」。一種由多樣對象組合、裝飾而成的臥具。宋林洪《山家清事・梅花紙帳》：「法用獨床。旁置四黑漆柱，各掛以半錫瓶，插梅數枝，後設黑漆板約二尺，自地及頂，欲靠以清坐。左右設橫木一，可掛衣，角安斑竹書貯一，藏書三四，掛白塵一。上作大方目頂，用細白楮衾作帳罩之。前安小踏床，於左植綠漆小荷葉一，寘香鼎，然紫藤香。中只用布單、楮衾、菊枕、蒲褥。」

灼艾戲呈阮使君〔1〕

鬢毛秋後轉漂零，愁坐窮簷展灸經〔2〕。得似畫堂歌吹裏，硫黃鐘乳按娉婷〔3〕。

〔校注〕

〔1〕灼艾：中醫療法之一。燃燒艾絨薰灸人體一定的穴位。

〔2〕窮簷：指茅舍，破屋。唐代韓愈《孟生》詩：「顧我多慷慨，窮簷時見臨。」

〔3〕硫黃：中藥名。係用天然硫黃礦加工而成。鐘乳：鐘乳石，一種藥石。娉婷：姿態美好貌。

貴白西居喪三年蔬食亦不得作詩庚寅之春二禁俱開次韻戲之〔1〕

三年不賦海山青，白酒青蔬亦笑人。鏡裏何時撚髭盡，尊前有客指

搖頻。又添一敵煩詩伯，只怕三彭訴髒神〔2〕。急遣行廚相起發，蠶耕不動是閒民。

〔校注〕

〔1〕輯自《全宋詩輯補》第 6 冊，第 2797 頁。貴白：陳貴白，作者詩友，甘於淡泊，有隱逸情懷。集中有《題陳貴白佘齋》《壽陳貴白》等詩歌。

〔2〕三彭：即「三尸（蟲）」。指在人體內作祟，影響人修煉的三種神。

鄧善之行矣而不得遠送走筆為舟中一笑〔1〕

春風餞客擁城扉，柳上青青欲上衣。咫尺仙凡三萬里，華驄彩鷁雨中飛〔2〕。

〔校注〕

〔1〕輯自《全宋詩輯補》第 6 冊，第 2829 頁。鄧善之：元代書法家鄧文元，字善之。著有《巴西文集》。

〔2〕華驄：即玉華驄，唐玄宗所乘駿馬名。此泛指駿馬。

陳　普

　　陳普（1244～1315），字尚德，號懼齋，世稱石堂先生，寧德（今屬福建）
人，幼勵志苦讀，覽四書五經。後潛心朱熹理學。宋亡，隱居授徒，又應聘主
講建陽雲莊書院、福州鼇峰書院、長樂鼇峰書院。著有《石堂先生遺稿》。今
錄戲謔詩 2 首。

戲題趙畔道寓居壁間

　　疏髯荊楚青油客〔1〕，踏著天根息此堂〔2〕。惹得深山狂簡子〔3〕，年
年來此道先生。

〔校注〕

〔1〕青油客：《宋書・劉穆之傳》：「（穆之孫瑀）至江陵，與顏竣書曰：『朱修之三
　　　世叛兵，一旦居荊州青油幕下，作謝宣明面見問，使齋師以長刀引吾下席。』」
　　　青油，古代用以迎賓或供歇息的青油布帳篷。青油客，指幕僚或入幕之賓。又
　　　作「青油士」。劉克莊《水調歌頭・遊蒲澗追和崔菊坡韻》：「青油士，珠履客，
　　　各凋殘。」張榘《絳都春・次韻趙西里遊平山堂二詞》：「喚回奇事，青油上客，
　　　放懷尊酒。」

〔2〕天根：星名。即氐宿。東方七宿的第三宿，凡四星。《國語・周語中》：「天根
　　　見而水涸。」《爾雅・釋天》：「天根，氐也。」郭璞注：「角亢下繫於氐，若木
　　　之有根。」

〔3〕狂簡子：指趙簡子，即春秋末年的趙鞅。趙簡子南伐楚國，和黃河的津吏約好。
　　　但簡子到了，津吏醉不能渡，誤了事，簡子要殺他，被其女娟所救。

戲呈友人

年來學道未知方，羞逐鶯花燕蝶忙〔1〕。三五年加心死盡，有如魚鳥見毛嬙〔2〕。

〔校注〕

〔1〕鶯：古同「鶊」，一種鳥。

〔2〕毛嬙：指古代美女。《莊子·齊物論》：「毛嬙、麗姬，人之所美也。魚見之深入，鳥見之高飛，麋鹿見之決驟。四者孰知天下之正色哉？」唐成玄英疏：「毛嬙，越王嬖妾；麗姬，晉國之寵嬪。此二人者，姝妍冠世，人謂之美也。」

丘 葵

丘葵（1244～1333），字吉甫，自號釣磯，泉州同安（今屬福建）人。早崇朱子之學。宋亡，杜門不出，與謝翱、鄭思肖並稱「閩中三君子」。著《釣磯詩集》等。今錄戲謔詩 7 首。

七歌效杜陵體

其一

景炎元年北人至，撒花初令豪家備。誰梯禍亂敷我民，敲樸日煩無處避。富者有銀猶可蘇，貧者無銀賣田地。嗚呼一歌兮歌已衰，天日不見惟陰霾。

其二

三宮北狩何時返，猿啼鬼哭塵沙遠。李陵衛律甘匪人，豈無蔡琰吹胡管。江南江北骨成山，箭瘢紛紛劍痕滿。嗚呼二歌兮歌未休，潸然出涕滂沱流。

其三

山林嘯聚繁有徒，州家買盡勤招呼。縣官被命不敢遜，麒麟出模群狐孤。昨者參州紅帕首，高官厚祿恣狂圖。嗚呼三歌兮歌三發，天翻地覆綱常滅。

其四

督府養兵如養子，帛堆其家粟崇庾。少不如意出怨言，恃功偃蹇驕

其主。道旁老旺哭告予，未被賊苦被軍苦。嗚呼四歌兮歌始宣，悲風為我吹塵寰。

其五

富兒諧了西園債，身著綠衣足誇詫。那知又有價高人，昨日新官今日罷。近來書滿只月餘，白頭老吏慵送迓。嗚呼五歌兮歌未足，末世由來多反覆。

其六

十家九室廚無煙，兒夫僕後妻僵前。米珠薪桂肉如玉，野無青草飛烏鳶。手持空券向何許，官司有印儂無錢。嗚呼六歌兮歌愈悲，天下太平竟何時。

其七

我生不辰逢亂離，四方蠥蠥何所之。欲登山兮有虎豹，欲入海兮有蛟螭。歸來歸來磨兜堅，毋與蛟鬥兮毋充虎饑。嗚呼七歌兮歌曲罷，猿啼清晝蟲鳴夜。

趙必瑑

趙必瑑（1245～1294），字玉淵，號秋曉，東莞（今屬廣東）人。度宗咸淳元年（1265）與父親崇同登進士。初任高要尉，歷攝知四會縣、南康丞。文天祥在惠州設督府，任為簽書惠州軍事判官兼知錄事，捐家資助軍需。入元，隱居東莞。有《覆瓿集》等。今錄戲謔詩4首。

戲題睡屏〔1〕

其一

一別相如直至今，床頭綠綺暗生塵〔2〕。當年自是文君誤〔3〕，未必琴心解挑人。

〔校注〕

〔1〕睡屏：也稱枕屏、臥屏，多疊者，乃環臥床而設，屏間多張書畫，畫則以山水最為常見，而每為兩宋詩人所題詠。此作不脫詠物詩的借題發揮之旨，無多新意，然而由詩可見此四疊畫屏的題材很是新穎，四屏題旨分別為琴、棋、書、畫，而詩之用典以及意象選取均著意於女性，似隱含著畫中主角俱為女子。雖畫作不傳，但畫屏作者的落墨處非士大夫之雅，由詩之描繪可知也。

〔2〕綠綺：古琴名。晉代傅玄《琴賦》序：「齊桓公有鳴琴曰號鐘，楚莊有鳴琴曰繞梁，中世司馬相如有綠綺，蔡邕有焦尾，皆名器也。」

〔3〕文君：指卓文君。漢代臨邛富翁卓王孫之女，貌美，有才學。司馬相如飲於卓氏，文君新寡，相如以琴曲挑之，文君遂夜奔相如。

其二

點檢殘枰未了棋〔1〕，才貪著處轉成低。一番輸後惺惺了〔2〕，記取從前當局迷。

〔校注〕

〔1〕枰（píng）：棋盤，棋枰。

〔2〕惺惺：清醒貌。唐代杜甫《喜觀即到復題短篇》之二：「應論十年事，愁絕始惺惺。」

其三

翻覆於郎錦笥看〔1〕，紅邊墨蹟未曾乾。宮中怨女今無幾〔2〕，那得新詩到世間。

〔校注〕

〔1〕笥（sì）：盛飯或衣物的方形竹器。

〔2〕怨女：指已到婚齡而無合適配偶的女子。《孟子·梁惠王下》：「內無怨女，外無曠夫。」

其四

秋水盈盈嬌眼溜，春山淡淡黛眉輕。人間一段真描畫，喚起王維寫不成。

張紹文

張紹文，字庶成，南徐（今江蘇鎮江）人。張榘之子。能詞，琢語深沉，風格婉約。詩也清俊，頗具韻致。今錄戲謔詩1首。

春閨怨效唐才調集體 〔1〕

楊柳和煙翠不分，東風吹雨上離樽。茞弦調急難藏恨 〔2〕，燕子樓高易斷魂 〔3〕。錦字書成春夢遠 〔4〕，玉壺淚滿夜燈昏 〔5〕。馬蹄想過長亭路 〔6〕，細與蕭郎認去痕 〔7〕。

〔校注〕

〔1〕《才調集》體：《才調集》，五代韋縠編。主要選晚唐詩人作品最多，占前三名是韋莊六十三首、溫庭筠六十一首、李商隱四十首。此稱「體」，應指晚唐體。

〔2〕茞（chǎi）：即「白芷」。古書上說的一種香草。

〔3〕燕子樓：樓名。在今江蘇省徐州市。相傳為唐貞元時尚書張建封之愛妾關盼盼居所。張死後，盼盼念舊不嫁，獨居此樓十餘年。見唐白居易《〈燕子樓〉詩序》。一說，盼盼係建封子張愔之妾。後以「燕子樓」泛指女子居所。

〔4〕錦字書：指前秦蘇蕙寄給丈夫的織錦迴文詩。《晉書·列女傳·竇滔妻蘇氏》：「竇滔妻蘇氏，始平人也，名蕙，字若蘭。善屬文。滔，苻堅時為秦州刺史，被徙流沙，蘇氏思之，織錦為迴文旋圖詩對贈滔。宛轉循環以讀之，詞甚悽惋。」此處用以指妻子給丈夫的表達思念之情的書信。

〔5〕玉壺淚：《拾遺記》載，薛靈芸離家入宮、玉壺淚凝如血的故事。

〔6〕長亭：古時於道路每隔十里設長亭，故亦稱「十里長亭」。供行旅停息。近城者常為送別之處。

〔7〕蕭郎：蕭史與秦穆公女弄玉的愛情故事。此指情郎。唐代崔郊之姑有一婢女，後賣給連帥，郊十分思慕她，因贈之以詩曰：「公子王孫逐後塵，綠珠垂淚滴羅巾。侯門一入深如海，從此蕭郎是路人。」見舊題宋尤袤《全唐詩話·崔郊》。

羅志仁

羅志仁，字壽可，一字伯壽，號壺秋，廬陵（今江西吉安）人。度宗成淳九年（1273）領鄉薦。元初，薦授天長書院山長。其與方回、戴表元、劉將孫多有詩書往來，與黃圭並有詩名。著有《姑蘇筆記》二卷，已佚。今錄戲謔詩1首。

諷留夢炎〔1〕

齧雪蘇郎受苦辛〔2〕，庾公老作北朝臣〔3〕。當年龍首黃扉者〔4〕，猶是衡門一樣人。

〔校注〕

〔1〕留夢炎：字漢輔，宋末元初衢州（治今浙江衢州）人。淳祐四年（1244）狀元，歷任直學士院、起居郎、中書舍人等職。咸淳元年（1265），累官至簽書樞密院事。次年，進同知樞密院事。咸淳三年，兼參知政事，進樞密使。次年，出為知潭州兼湖南安撫使。德祐元年（1275），拜右丞相兼樞密使，尋進左丞相、都督諸路軍馬。未幾，見元軍逼城，棄位而逃。景炎元年（1276），降元朝，積官至翰林學士承旨。元成宗元貞元年（1295），以年老致仕。

〔2〕齧雪蘇郎：蘇郎即蘇武，西漢大臣，武帝時為郎。天漢元年（前100年）奉命以中郎將持節出使匈奴，被扣留。匈奴貴族多次威脅利誘，欲使其投降；後將他遷到北海（今貝加爾湖）邊牧羊，揚言要公羊生子方可釋放他回國。蘇武歷盡艱辛，留居匈奴十九年持節不屈。見《漢書》卷五十四《李廣蘇建列傳·蘇建·（子）蘇武》，喻忠臣出使，寧死不屈。

〔3〕庾公：即庾信，南北朝時期詩人、文學家。奉命出使西魏，後於北朝官至車騎
　　　大將軍、開府儀同三司，北周代魏後，更遷為驃騎大將軍、開府儀同三司。

〔4〕黃扉：指丞相、三公、給事中等官位。

于 石

于石（1247～？）字介翁，號紫岩，晚號兩溪，蘭溪（今屬浙江）人。貌古氣剛，喜談諧。年三十而宋亡，隱居不仕，專意於詩。其集後散佚，門人吳師道摘為《紫岩詩選》三卷。今錄戲謔詩 2 首。

同韻效歐蘇體〔1〕

草廬抱膝方臥龍〔2〕，獰飆撼戶雲埋峰。凍鵲依依飛墮地，饑鷹側翅低盤空。豈知水官夜鏖戰〔3〕，鞭蚓笞鳳驅前鋒。茫茫萬里混一色，遠近高下俱迷蹤。松標特立凜生氣，竹腰不折凌高風。長江一派清不泯，浩浩獨行天地中。小民祁寒易諮怨〔4〕，君子守道惟固窮〔5〕。有雪無雪兩不問，仁耕義耨無歉豐。君不見閉門無人僵臥處，任渠門外深丈許。窮則當與凡民異，達則當為國之瑞。何當燮理司化鈞〔6〕，坐令寒谷回陽春。

〔校注〕

〔1〕歐蘇：宋代詩文大家歐陽修和蘇軾的並稱。

〔2〕抱膝：以手抱膝而坐。有所思貌。臥龍：《漢書·王章傳》：「章為諸生學長安，獨與妻居。章疾病，無被，臥牛衣中，與妻決，涕泣。」顏師古注：「牛衣，編亂麻為之，即今俗呼為龍具者。」後因亦以「臥龍」指貧困的人。

〔3〕水官：掌管治水、徵收魚稅的官。

〔4〕祁寒：嚴寒。《書·君牙》：「冬祁寒，小民亦惟曰怨諮。」蔡沉集傳：「祁，大也。」諮怨：嗟歎怨恨。

〔5〕固窮：信守道義，安於貧賤窮困。《論語‧衛靈公》：「子曰：『君子固窮，小人
　　　窮斯濫矣。』」朱熹集注：「程子曰：『固窮者，固守其窮。』」

〔6〕燮理：協和治理。《書‧周官》：「立太師、太傅、太保，茲惟三公，論道經邦，
　　　燮理陰陽。」孔傳：「和理陰陽。」

自笑

　　歸來更讀十年書，自笑今吾即故吾。栗里溪山晉處士，桐江風月漢
狂奴〔1〕。種梅添得詩多少，愛菊何拘酒有無。隨分生涯聊爾耳，門前
應免吏催租。

〔校注〕

〔1〕漢狂奴：即「狂奴故態」。《後漢書‧嚴光傳》：「司徒侯霸與光素舊，遣使奉書。
　　　使人謂光曰：『公聞先生至，區區欲即詣造，迫於典司，是以不獲。願因日暮，
　　　自屈語言。』光不答，乃投劄與之，口授曰：『君房（侯霸字）足下，位至鼎
　　　足，甚善。懷仁輔義天下悅，阿諛順旨要領絕。』霸得書，封奏之，帝（漢光
　　　武帝劉秀）笑曰：『狂奴故態也。』」又晉皇甫謐《高士傳‧嚴光》載嚴光口授
　　　復書後，「使者嫌少：『可更足。』光曰：『買菜乎？求益也？』」嚴光、侯霸和
　　　漢光武帝是從小要好的老朋友。後以「狂奴故態」稱狂放不羈的老脾氣。周斌
　　　《次韻答道非》：「名士風流原自喜，狂奴故態任人譏。」

仇　遠

仇遠（1247～1328），字仁近，一字仁父，號近村、山村民，錢塘（今浙江杭州）人，度宗咸淳年間即以詩名與白珽並稱吳下，人謂之「仇白」。入元後，曾被迫任溧陽州學教授，旋以杭州知事致仕。優游山水，結交方外，與周密、蕭立之、張炎、戴表元、方回、趙孟頫、馬臻等名士有交往。著有《金淵集》6 卷、《山村遺集》1 卷。今錄戲謔詩 3 首。

夢得墨四片一差短戲呈廷玉〔1〕

昔賢曾夢筆〔2〕，夢墨定何如。應使山中隱，重研世上書。磨人驚老大，飲汁笑空疏。長短無庸較，三螺已有餘。〔3〕

〔校注〕

〔1〕廷玉：白珽，字廷玉，錢塘（今浙江杭州）人。有《湛淵集》。

〔2〕夢筆：《晉書・王珣傳》：「珣夢人以大筆如椽與之，既覺，語人云：『此當有大手筆事。』俄而帝崩，哀冊諡議，皆珣所草。」《南史・文學傳・紀少瑜》：「少瑜嘗夢陸倕以一束青鏤管筆授之，云：『我以此筆猶可用，卿自擇其善者。』其文因此遒進。」又《江淹傳》：「淹少以文章顯，晚節才思微退……又嘗宿於冶亭，夢一丈夫自稱郭璞，謂淹曰：『吾有筆在卿處多年，可以見還。』淹乃探懷中得五色筆，一以授之。爾後為詩絕無美句，時人謂之才盡。」夢筆事類頗多，大抵用以指才思敏捷，文章華美。

〔3〕自注：陸雲得石墨數十斤，送兄三螺。

自笑

　　謁客登門不敢嗔，強顏應接暫時親。一官本自如冰冷，更有依冰借暖人。

嘲方回〔1〕

　　姓名不入六臣傳，容貌堪傳九老碑〔2〕。老尚留樊素，貧休比范丹。〔3〕

〔校注〕

〔1〕輯自《全宋詩輯補》第6冊，第2875頁。

〔2〕九老：亦稱「香山九老」「洛中九老」「會昌九老」，相傳唐朝時，由胡杲、吉玫、劉貞、鄭據、盧貞、張渾、白居易、李元爽、禪僧如滿等九位七十歲以上的友人在洛陽龍門之東的香山結成「九老會」。唐武宗會昌五年（845）三月某日，又在白居易家中（一說在洛陽香山履道坊）聚會，歡醉賦詩，作九老詩，繪九老圖。

〔3〕方嘗有句云：「今生窮似范丹。」《癸辛雜識》別集上。樊素：白居易家的歌伎。范丹（112～185），字史雲，（「丹」字史書上多寫作「冉」，亦作「范冉」），諡曰貞節先生。漢代外黃（今民權縣）人。東漢經學家，馬融弟子。通曉五經，尤其精通《周易》和《尚書》，善於依據《周易》之卦爻辭來占卜。

羅公升

羅公升，字時翁，號滄洲，永豐（今江西永豐）人。開禮之孫。宋亡，傾資北遊燕、趙，與宋宗室趙孟榮等圖恢復，不果。回鄉隱居以終。有《滄州集》五卷。今錄戲謔詩 2 首。

戲蕭高風曾孟聲二友（二首）〔1〕

其一

丹鳳辭舊棲，四海求其凰。偶來梧竹間，振翮鳴朝陽。眾禽不自揣，競欲依餘光。神物要自珍，微羽那足當。了知霄漢姿，不集灌莽場〔2〕。所憂燕雀雜〔3〕，坐更鴻鵠藏〔4〕。丹山有佳侶〔5〕，足以陪雙翔。人間勿為留，歸哉白雲鄉〔6〕。

〔校注〕

〔1〕蕭高風、曾孟聲：不詳其人。作者詩友。另有《寄蕭高風》詩。劉將孫亦有《別蕭高風》詩。

〔2〕不集：不棲止。《列子·楊朱》：「鴻鵠高飛，不集污池。」灌莽：叢生的草木。指草木叢生的原野。

〔3〕燕雀：亦作「燕爵」。燕和雀，泛指小鳥。比喻庸俗、不能理解志向遠大者抱負的人。

〔4〕鴻鵠：即鵠。俗稱天鵝。比喻遠大的志向。

〔5〕丹山：即丹穴，古謂產鳳之山名。《山海經‧南山經》：「丹穴之山……有鳥焉，
　　　其狀如雞，五采而文，名曰鳳皇。」漢代張衡《東京賦》：「鳴女床之鸞鳥，無
　　　丹穴之鳳皇。」

〔6〕白雲鄉：《莊子‧天地》：「乘彼白雲，遊於帝鄉。」後因以「白雲鄉」為仙鄉。

其二

飛鴻響遙空，抱弋空遺影。游鱗縱前川，把釣睨枯井。相看各如夢，欲去幾延頸〔1〕。勞心縱有獲，所獲僅蛙黽〔2〕。行人見之笑，千喚不一省。滄溟四無邊，盡納天地境。巨鼇載三山〔3〕，未足污吾綆〔4〕。相顧作清遊，濯足壺嶠頂〔5〕。

〔校注〕

〔1〕延頸：伸長頭頸。

〔2〕蛙黽（měng）：蛙類動物。

〔3〕鼇：是漢族傳說中海裏的大龜或大鱉。於是女媧煉五色石以補蒼天，斷鼇足以
　　　立四極，又有傳說東海中有巨鼇馱著的三座仙山：蓬萊，方丈，瀛洲。三山：
　　　傳說中的海上三神山。晉代王嘉《拾遺記‧高辛》：「三壺，則海中三山也。一
　　　曰方壺，則方丈也；二曰蓬壺，則蓬萊也；三曰瀛壺，則瀛洲也。」

〔4〕綆（gěng）：汲水用的繩子。

〔5〕濯足：語出《孟子‧離婁上》：「滄浪之水清兮，可以濯我纓；滄浪之水濁兮，
　　　可以濯我足。」本謂洗去腳污。後以「濯足」比喻清除世塵，保持高潔。壺嶠：
　　　傳說中仙山方壺、員嶠的並稱。

艾性夫

艾性夫，字天謂，號弧山，臨川（今江西撫州）人。與兄艾叔可、艾憲可都有詩名，互為詩友，被稱為「撫州三艾」。咸淳間中鄉試。宋元易代之際，閉門讀書，求學者盈門。入元，為江浙儒學提舉。晚年與貫雲石友善，寓居錢塘。有詩集《剩語》《弧山晚稿》等久佚，後輯其詩二卷，題《剩語》。今錄戲謔詩 7 首。

雪吟效禁體並去一切熟事

群仙碎翦明河水〔1〕，須臾變換人間世。重陰漠漠不分天〔2〕，萬里茫茫更無地。回飛慢舞忽交急，清壑污渠受平施〔3〕。虛光眩轉混晝夜，終日縱橫絕聲氣。埋深矮屋火無功，捲入空簷風挾勢。無同那得羽相似，怪見惟驚犬群吠。調和稚子割蜜脾〔4〕，澀縮山翁鳴屐齒〔5〕。禿蒼捕雀花兩眼，戲客捏獅紅十指。徑須醉賞臘前三，紛紛盡是明年米。

〔校注〕

〔1〕明河：天河，銀河。

〔2〕漠漠：密布貌；布列貌。

〔3〕平施：均平地施與。

〔4〕蜜脾：蜜蜂營造的釀蜜的房。其形如脾，如稱。

〔5〕山翁：晉山簡，時人亦稱山公。

兒餒嗔郎罷妻寒怨稿砧唐眉山詩也戲為箋之〔1〕

父天不可嗔〔2〕，夫君不宜怨。要知古聖賢，貴在素貧賤。父常煮字不成飯〔3〕，夫常織文不成絹，衣粗布衣齕藜莧〔4〕。去耕原上田，往種陌上桑。獲雲秋穗重，繰雪春絲長。汝溫汝飽官征忙〔5〕，翁出校書為汝償〔6〕。

〔校注〕

〔1〕稿砧（gǎo zhēn）：亦作「稾砧」。古代處死刑，罪人席稿伏於砧上，用鈇斬之。鈇、「夫」諧音，後因以「稿砧」為婦女稱丈夫的隱語。

〔2〕父天：以天為父。《春秋感精符》：「人主與日月同明，四時合信，故父天母地，兄日姊月。」後因稱父親為「父天」。

〔3〕煮字：古有煮字療饑，舊時讀書人對生計難保的自嘲或揶揄。

〔4〕齕（hé）：用牙齒咬東西。藜莧（lí xiàn）：藜和莧。泛指貧者所食之粗劣菜蔬。

〔5〕官征：官府的征斂。

〔6〕校書：古代掌校理典籍的官員。漢代有校書郎中，三國魏始置秘書校書郎，隋、唐等都設此官，屬秘書省。

人名詩戲效王半山〔1〕

其一

重耳盈盈岸柳黃，九齡冉冉澗松蒼。〔2〕梅開小白添新雪〔3〕，鴉引童烏弄夕陽〔4〕。樵唱轉低春谷永〔5〕，雁聲不斷暮雲長〔6〕。奔泉渾作山濤響〔7〕，濺入懸岩百藥香〔8〕。

〔校注〕

〔1〕題注：此體權德輿已有，如「半紀信不留，齒髮良自愧」之類，皆勉強湊合不渾成。惟半山詩云：「莫嫌柳渾青，終恨李太白」之句，過權遠甚。但青字亦外來，似未純美耳。　　人名詩：句中暗藏有古人姓名的詩。為雜體詩之一。

〔2〕重耳：晉文公，名重耳，為晉獻公之子。因獻公寵愛驪姬，殺太子申生，他在外避難十九年，後借秦穆公之力回國即位，時年已經 62 歲。九齡：張九齡，盛唐著名賢相、詩人。

〔3〕小白：春秋五霸之首齊桓公名。《春秋·莊公九年》：「齊小白入於齊。」唐代張九齡《詠史》：「賢哉有小白，讎中有管氏。」

〔4〕童烏：漢代揚雄之子。後稱聰明而早死的孩子。揚雄《法言·問神》：「育而不
　　苗者，吾家之童烏乎！九齡而與我玄文。」宋代蘇軾《悼朝雲》：「苗而不秀豈
　　其天，不使童烏與我玄。」

〔5〕谷永（？～約前8）：本名並，字子雲。長安（今陝西西安西北）人。少為長安
　　小史，後博學經書。建始三年（前30），對賢良策，舉上第。升光祿大夫，出
　　為安定太守，遷涼州刺史，後為太中大夫，遷光祿大夫給事中。元延元年（前
　　12年）為北地太守。「永於經書，泛為疏達」，「其於天官、京氏易最密，故善
　　言災異，前後所上四十餘事，略相反覆，專攻上身與後宮而已。」（《漢書·谷
　　永桂鄲傳》）仕終大司農。

〔6〕雲長：關羽，字雲長，河東解縣（今山西運城解州）人。三國蜀漢大將。

〔7〕山濤：三國曹魏及西晉時期名士、政治家，「竹林七賢」之一。

〔8〕百藥：李百藥（565～648），字重規，定州安平（今屬河北）人，唐朝史學家。

其二

　　偶來安石坐林塘，因得棲筠受晚涼〔1〕。歸鳥沖煙方陸續，寒花經雨
尚黃香〔2〕。雲如仙客蹤無定，風作山賓語自長〔3〕。師古不成書謾讀，
樂天深結退居房〔4〕。

〔校注〕

〔1〕「偶來」二句：安石，王安石。棲筠：李棲筠，字貞一，排行十五，李德裕的
　　祖父。天寶七載進士及第。天寶十二三載，受辟為封常清安西節度使府判官，
　　十三載三月常清兼任北庭節度使後，任安西、北庭節度判官。

〔2〕「歸鳥」二句：陸續，字智初，會稽吳縣（今蘇州）人。世世代代為縣裏的大
　　姓。祖父陸閎，字子春，建武中為尚書令。人長得漂亮，愛穿越布單衣，光武
　　見了也很喜歡這種越布，自此以後，常令會稽郡獻越布。黃香：東漢江夏黃香，
　　少時博學能文，時稱「天下無雙，江夏黃童。」初任郎中，曾被詔入東觀，讀
　　官藏典籍。官至尚書令。

〔3〕「雲如」二句：仙客：指王仙客。唐傳奇《無雙傳》中，王仙客娶外舅之女無
　　雙。因亦用為王姓女婿之典。山賓：後魏車騎大將軍邢巒，字山賓，而《史》
　　作「洪賓」，其為梁州刺史。

〔4〕「師古」二句：師古：顏師古（581～645），名籀，字師古，以字行。雍州萬年
　　（今陝西西安）人。太宗時任中書侍郎，秘書少監，晚年為弘文館學士。精於

文字訓詁，曾於秘書省考定五經，書成，遭到非議，輒廣徵博引，人人歎服，太宗頒其書於天下。感到當時學者「離文析句，違經背理」(《匡謬正俗‧論語》)，作《匡謬正俗》以正之。此書凡八卷，前四卷五十五條，論諸經訓詁音釋，後四卷一百二十七條，皆論諸書字義字音，及俗語相承之異，考據極為精密。著作還有《漢書注》《急就章注》。《全唐文》收其遺文二卷。樂天：白居易。中唐著名詩人。

經語詩戲效唐子西 [1]

其一

山徑之蹊去去賒，篳門圭竇是誰家 [2]。其生色也草交翠，彼美人兮蓮正花。

〔校注〕

〔1〕唐子西：唐庚（1071～1121），字子西。眉州丹棱（今屬四川）人。年十四，能詩文。紹聖進士。官博士。張商英薦其才，除提舉京畿常平。商英罷，亦貶惠州。有《眉山集》。

〔2〕篳門圭竇：編竹為門，穿牆作窗。指貧窮人所居之處。《魏書‧逸士傳‧李謐》：「繩樞甕牖之室，篳門圭竇之堂，尚不然矣。」

其二

源泉混混出虛巖 [1]，桑者閒閒人已蠶。剪韭不妨千取百 [2]，種瓜且喜二生三。

〔校注〕

〔1〕混混：水奔流不絕貌。《孟子‧離婁下》：「源泉混混，不捨晝夜。」

〔2〕剪韭：剪春韭，古人以春初早韭為美味，故以「剪春韭」為召飲的謙辭。唐杜甫《贈衛八處士》詩：「夜雨剪春韭，新炊間黃粱。」亦省作「剪韭」。

客有問擇術者戲答 [1]

君不見三家市頭灑削翁 [2]，鼎食侈與王公同 [3]。又不見萬金海上屠龍手 [4]，須捷累累事饑走 [5]。人言有藝人不貧，誰知藝高貧殺人。向來擇術吾已錯，勸君只學相牛莫相鶴。

〔校注〕

〔1〕擇術：選擇職業。

〔2〕市頭：指賣藝人等會聚的茶肆。宋吳自牧《夢粱錄·茶肆》：「又有茶肆專是五
　　　奴打聚處，亦有諸行借工賣伎人會聚行老，謂之『市頭』。」灑削：灑水磨刀。
　　　《史記·貨殖列傳》：「灑削，薄技也，而郅氏鼎食。」

〔3〕鼎食：列鼎而食。指世家大族的豪奢生活。王公：被封為王爵和公爵者。亦泛
　　　指達官貴人。

〔4〕屠龍：《莊子·列禦寇》：「朱泙漫學屠龍於支離益，單千金之家，三年技成，
　　　而無所用其巧。」後因以指高超的技藝或高超而無用的技藝。

〔5〕須捷：指衣衫破爛。《方言》第三：「褸裂、須捷、挾斯，敗也。」

卷三十八

陸文圭

陸文圭（1250～1334），字子方，江陰（今屬江蘇）人。度宗咸淳十三年（1267）膺鄉薦，時年十八。宋亡隱居江陰城東，學者稱牆東先生。元延祐年間開科設舉，陸文圭於延祐七年（1320）省（江浙行省）第二名。朝廷多次招聘他，皆不往。年八十五而卒。著有《牆東類稿》二十卷。今錄戲謔詩 15 首。

題鄭子實秋溪釣雨圖〔1〕

水墨淡淡，煙雨濛濛。溪抱前山，人倚孤篷。我懷季鷹，感慨秋風。身羈洛下，興寄吳淞。

〔校注〕

〔1〕題注：江晚漁歸，鄭谷能詩，未能畫也。今子實乃能之耶。四言八句，聊啟一笑。

回途入玉晨觀圖經云周時太史郭真人宅周安得有真人哉有丹井養龍池白馬老君瑞像在焉壁間刻林靈素塵字韻詩戲次二首〔1〕

其一

洗淨人間萬斛塵〔2〕，玉虛壇上夜朝真〔3〕。井深莫探丹泉髓〔4〕，屋小難容老檜身〔5〕。符召得龍聊小戲，料分與鶴未全貧。名山採藥無空返，不見仙方見異人〔6〕。

〔校注〕

〔1〕玉晨觀：道觀名。唐元稹《寄浙西李大夫》詩之三：「最憶西樓人靜夜，玉晨
鐘磬兩三聲。」自注：「玉晨觀在紫宸殿後面也。」圖經：附有圖畫、地圖的
書籍或地理志。郭真人：主管道教七十二福地中之一。白馬老君：中國道教對
老子的神化稱呼，又稱「太上老君」，其坐騎為白馬。丹井：煉丹取水的井。
林靈素（1075～1119），初名靈噩（一作「靈蘁」），字歲昌（一說字通叟），溫
州永嘉（今屬浙江）人。北宋末著名道士。家世寒微，少依佛門為童子。因「嗜
酒不檢，僧笞辱之，發憤棄去為道士」。後改從道教，志慕遠遊，至蜀，師從
一個自稱趙升的道人數年，後得其書（一說即《五雷玉書》），由此能行五雷法。
政和末年得宋徽宗寵信，為之改名「靈素」，賜號「通真達靈先生」，授以金牌，
任其非時入內，並築通真宮以居之。林靈素領修道書，改正諸經醮儀，校對丹
經靈篇，刪修注解；每逢初七，則講說三洞道經與玉清神霄王降生記。由此京
師士民信道者日眾，徽宗亦自稱「教主道君皇帝」，升林靈素為溫州應道軍節
度。後又被封賜、加號為「金門羽客」「通真達靈元妙先生」「太中大夫」「凝
神殿侍宸」「蕊珠殿侍宸」「沖和殿侍宸」等。徽宗還常以「聰明神仙」呼之，
親筆賜「玉真教主神霄凝神殿侍宸」。林靈素得勢後，遂進言「釋教害道」「改
佛為道」，宣和元年（1119）十一月，因其為眾所怨，又與皇太子爭道，終觸
怒徽宗，以為太虛大夫，斥歸故里，當年去世。

〔2〕萬斛：極言容量之多。古代以十斗為一斛，南宋末年改為五斗。

〔3〕玉虛：仙宮。道教稱玉帝的居處。朝真：道教謂朝見真人。

〔4〕丹泉：傳說中的仙泉，飲之不死。

〔5〕老檜：自注：廊下有晉檜一株，小屋圍之。

〔6〕仙方：舊時幻想成仙所服食的丹藥。

其二

太虛自是隔凡塵〔1〕，惟恨神霄事不真〔2〕。泥馬空遺玄聖像〔3〕，池
魚恐是小龍身。久知天上仙官貴〔4〕，不救山中道士貧。舊宅固應存太
史，徽稱早已號真人〔5〕。

〔校注〕

〔1〕太虛：謂空寂玄奧之境。

〔2〕神霄：道教謂九天中之最高者。

〔3〕泥馬：宋徽宗第九子康王構（宋高宗）再度使金，至磁州，留守宗澤勸留，不
　　從。澤乃借神以止之，曰：此間有崔府君廟，甚靈，可以卜玟。是夜人報廟中
　　泥馬銜車輦等物填塞去路。康王因止不前。事見《宋史・宗澤傳》。後敷演為
　　泥馬渡康王故事。玄聖：稱仙人。

〔4〕仙官：道教稱有尊位的神仙。

〔5〕徽稱：徽宗與之稱號。真人：道家稱存養本性或修真得道的人。亦泛稱「成仙」
　　之人。

偶書邸壁

　　俯仰隨人似桔槔〔1〕，功名落落倦英豪〔2〕。婆娑僅可供賓戲〔3〕，寂
寞安能免客嘲。空有雲心懷鶴髮〔4〕，竟無風力舉鴻毛〔5〕。祖劉起舞成
何事〔6〕，歲晚柴桑是故交〔7〕。

〔校注〕

〔1〕俯仰隨人：一舉一動都隨人擺佈。桔槔（jié gāo）：亦作「桔皋」。井上汲水的
　　工具。在井旁架上設一槓杆，一端繫汲器，一端懸、綁石塊等重物，用不大的
　　力量即可將灌滿水的汲器提起。《莊子・天運》：「且子獨不見夫桔槔者乎，引
　　之則俯，捨之則仰。」

〔2〕落落：多而連續不斷貌。

〔3〕婆娑：奔波；勞碌。漢代應劭《風俗通・十反・蜀郡太守潁川劉勝》：「杜密婆
　　娑府縣，干與王政，就若所云，猶有公私。」

〔4〕雲心：形容閒散如雲的心情。

〔5〕鴻毛：鴻雁之毛。常用以比喻輕微或不足道的事物。

〔6〕祖劉起舞：典出聞雞起舞。《晉書・祖逖傳》：「祖逖與司空劉琨俱為司州主簿，
　　情好綢繆，共被同寢。中夜聞荒雞鳴，蹴琨覺曰：『此非惡聲也。』因起舞。」
　　後以「聞雞起舞」為志士仁人及時奮發之典。

〔7〕柴桑：晉陶潛故里柴桑。據《宋書・隱逸傳・陶潛》載，潛晚年隱居故里柴桑，
　　有腳疾，外出輒命二兒以籃輿昇之。後因以「柴桑」代指故里。

效後村體

　　十載村居學養恬，未忘習氣有人嫌。課僮薙草心先快，助僕移梅力

尚兼。不分烏鴉啼錦樹，絕憐紫燕傍茅簷。路逢野老閒相問，新歲凶穰可豫占。

戲書所見

雲英捧玉液〔1〕，真是裴郎偶。不知幾萬錢，買得玉杵臼〔2〕。

〔校注〕

〔1〕雲英：唐代神話故事中的仙女名。傳說裴航過藍橋驛，以玉杵臼為聘禮，娶雲英為妻。後夫婦俱入玉峰成仙。詩文中常用此典，借指佳偶。玉液：泛指甘美的漿汁。

〔2〕玉杵臼：玉製的杵和臼。唐代裴鉶《傳奇·裴航》載，唐長慶中，秀才裴航經藍橋驛，遇一老嫗，有孫女名雲英，豔麗殊絕，欲娶之。嫗索玉杵臼為聘禮，航後以重價訪得，更為嫗搗藥百日，然後與女成婚，終成上仙。後以「玉杵臼」喻難得之物。

戲狄懷英〔1〕

花樣精神月樣妝，妖魂不敢近忠良。如何鳳閣平章老〔2〕，卻事宮中嫵媚娘〔3〕。

〔校注〕

〔1〕狄懷英：狄仁傑（630～700），字懷英，并州太原（今山西太原）人，唐代武周時期政治家。官鳳閣鸞臺平章事。後犯顏直諫，力勸武則天復立盧陵王李顯為太子，使得唐朝社稷得以延續。

〔2〕鳳閣平章老：此處指代狄懷英。鳳閣：唐代武則天光宅元年（684）改中書省為鳳閣、遂用為中書省的別稱。平章：古代官名。唐代以尚書、中書、門下三省長官為宰相，因官高權重，不常設置，選任其他官員加同中書門下平章事之名，簡稱「同平章事」，同參國事。唐睿宗時又有平章軍國重事之稱。宋因之，專由年高望重的大臣擔任，位在宰相之上。

〔3〕嫵媚娘：武則天。

自笑

　　既聾不用誇三耳〔1〕，純白安能辨二毛〔2〕。自笑先生書案上，又將論語教兒曹。

〔校注〕

〔1〕三耳：傳說隋代董慎被冥府追為右曹從事，召常州秀才張審通掌書記。慎令為判，申天府。有黃衫人持天符云，所申不當。慎怒，以方寸肉塞其耳。審通再判之，後有天符來云，甚允當。慎喜，命左右割去耳肉，令一小兒擘為耳，安於額上，曰：「塞君一耳，與君三耳，可乎？」後審通復活，覺額癢，湧出一耳，尤聰。時人笑曰：「天有九頭鳥，地有三耳秀才。」後即以此為典，謂人聰明穎悟，異於往常。

〔2〕二毛：斑白的頭髮。常用以指老年人。《左傳·僖公二十二年》：「君子不重傷，不禽二毛。」杜預注：「二毛，頭白有二色。」

桂松岩以子平星禽二術推人多驗戲贈二絕〔1〕

其一

　　十二支辰配十干〔2〕，此專主日論財官〔3〕。豈無辭祿安貧者，說與先生仔細看。

〔校注〕

〔1〕子平：傳說宋有徐子平，精於星命之學，故後世術士宗之。一說，子平，名居易，五季人，嘗與麻衣道者陳圖南同隱華山。見清代翟灝《通俗編·藝術》。因即以「子平」指星命之學。是一種根據星象或人的生辰八字推算人的命運的迷信方法。星禽：又稱禽星。星命家以五行及各禽與二十八宿相配，編造出的主宰人生祿命的星禽，選擇家亦以此定日辰方位的吉凶。《宋史·藝文志·五行類》有《七曜神星禽經》三卷。

〔2〕十二支：亦作「十二枝」。《禮記·月令》「其日甲乙。」漢蔡邕章句：「大橈探五行之情，占斗綱所建，於是始作甲乙以名日，謂之干；作子丑以名日，謂之枝；枝干相配以成六旬。」後因稱子、丑、寅、卯、辰、巳、午、未、申、酉、戌、亥為「十二支」。十干：指甲、乙、丙、丁、戊、己、庚、辛、壬、癸。《史記·律書》「焉逢攝提格太初元年。」唐司馬貞索隱：「《爾雅·釋天》云『歲陽者，甲乙丙丁戊巳庚辛壬癸十干是也。』」

〔3〕財官：即財官格，是四柱命理中根據日主與月令的關係以及日柱強弱所取格局
　　　的一種，身旺才能取財官為用神，如身旺取官為用神，財又通月令而旺，財旺
　　　生官，故名財官格。

其二

異類於人總不干，止聞列宿應郎官〔1〕。區區女蝠並危燕〔2〕，卻與
蛟龍一例看。

〔校注〕

〔1〕列宿：眾星宿。特指二十八宿。《楚辭·劉向〈九歎·遠逝〉》：「指列宿以白情
　　　兮，訴五帝以置詞。」王逸注：「言己願後指語二十八宿，以列己清白之情。」
　　　郎官：郎位，星座名。南宮（太微宮）五帝座後相聚的十五顆星，為一星座，
　　　稱「郎位」。《史記·天官書》：「（五帝座）後聚一十五星，蔚然，曰郎位。」

〔2〕女蝠、危燕：北方七宿排列順序是斗牛女虛危室壁真星。斗宿星君及牛宿星君
　　　主雲氣，女宿星君主陰陽，虛宿星君主人間大風，危宿星君主旋風走石，室宿
　　　星君主人間陰翳，壁宿星君主人間風雨。與北方七宿相配的動物為：斗蟹、牽
　　　牛、女蝠、虛鼠、危燕、室豬、壁貐。

題敬威卿參政贈許正卿針詩卷末敬公之章許卿之藝諸君發揮盡矣 終以二絕貂續尾蛇添足乎〔1〕

其一

江左知名許叔微〔2〕，公來示之衡氣機〔3〕。天下呻吟尚未息，公持
肘後將安歸〔4〕。

〔校注〕

〔1〕威卿：敬儼，字威卿，元朝其先河東人，後徙易水。在金朝做參知政事，降元
　　　後，官至翰林學士，封魯國公。許正卿：不詳其人，當是名中醫。貂續：續貂。
　　　謂續加的東西不如原來的好。含有自歉之意。

〔2〕江左：江東。指長江下游以東地區。五代丘光庭《兼明書·雜說·江左》：「晉、
　　　宋、齊、梁之書，皆謂江東為江左。」許叔微（1080～1154），字知可，真州
　　　（江蘇儀徵）人。紹興二年（1132）中進士第六人，曾任集賢院學士，故醫家
　　　謂之許學士。著有《傷寒百證歌》五卷、《傷寒發微論》二卷、《傷寒九十論》
　　　《普濟本事方》十卷等。

〔3〕氣機：中醫學名詞。指人體內氣的正常運行，包括經絡、臟腑的功能活動。如氣機發生異常，一般有氣機不宣、氣機阻滯等病理變化。

〔4〕肘後：《肘後方》，晉葛洪曾撰醫書《肘後備急方》，簡稱《肘後方》，意謂卷帙不多，可以懸於肘後。後因藉以泛指隨身攜帶的丹方。

其二

正人一脈繫安危〔1〕，溫公身事亦付醫〔2〕。此身強健無著處，不如枕臥看兒嬉。

〔校注〕

〔1〕正人一脈：給人把脈。

〔2〕溫公：司馬光，世稱涑水先生。北宋政治家、史學家、文學家。歷仕仁宗、英宗、神宗、哲宗四朝，卒贈太師、溫國公，諡文正，宋神宗時，因反對王安石變法，離開朝廷十五年，主持編纂了中國歷史上第一部編年體通史《資治通鑒》。

戲題聽琴手卷

流水高山不用彈〔1〕，巴人下里眾皆歡〔2〕。只今何處求鍾子〔3〕，多向文闈作考官〔4〕。

〔校注〕

〔1〕流水高山：《列子‧湯問》：「伯牙善鼓琴，鍾子期善聽。伯牙鼓琴，志在登高山，鍾子期曰：『善哉，峨峨兮若泰山。』志在流水，鍾子期曰：『善哉，洋洋兮若江河。』」後以「流水高山」指美妙的樂曲。

〔2〕巴人下里：即下里巴人。古代楚國流行的民間歌曲。用以稱流俗的音樂。巴，古國名，在今四川東部一帶，古為楚地。下里，鄉里。

〔3〕鍾子：指鍾子期。

〔4〕文闈：指科舉考試。闈，試院。

江陰有桃源圖方圓尺許宮室人物如針粟可數相傳有仙宿民家刻桶板為之一夕而成明日遁去友人以本遺餘戲題二絕〔1〕

其一

不自柴桑記裏來〔2〕，似傳晨肇入天台〔3〕。世間多少荒唐事，何獨神仙有是哉〔4〕。

〔校注〕

〔1〕江陰：江蘇淮安。針粟：真眼和米粒。桃源圖：指用晉陶潛《桃花源記》為題
　　材的畫。

〔2〕柴桑：借指晉代陶潛。因其故里在柴桑，故稱。

〔3〕晨肇：劉晨和阮肇入天台山採藥迷路事。

〔4〕自注：韓詩桃源之說，誠荒唐。

其二

　　人說桃源是隱民，神仙幻景即非真。如何谷口漁舟路，不許人間再
問津〔1〕。

〔校注〕

〔1〕自注：洪駒父諸人論桃源，謂陶記中本言避秦者，初非仙也。東坡、荊公詩得
　　之，如王摩詰、退之、夢得皆誤。然余考之，本記亦有可疑。如漁人回舟，竟
　　不能認前路，後有問津者輒死。桃源果在世間，何不可復見耶。

繆　鑒

繆鑒，字實甫（《全宋詩》作君實），號苔石翁。江陰（今屬江蘇）人。因世亂不仕，故有才而無位。善吟詠，其詩多超邁棲遁、高尚遠蹈之情，不乏警句。有《苔石效顰集》。今錄戲謔詩 1 首。

解嘲

莫笑詩翁懶出門，詩翁樂事在山村〔1〕。鶯啼楊柳金歌舞〔2〕，蝶宿梨花雪夢魂。罨畫丹青分曙色〔3〕，壓醅醲醁漲溪痕〔4〕。燕簾風裏茶煙外，自選唐詩教子孫。

〔校注〕

〔1〕樂事在，原校：一作「幽興寄」。

〔2〕金，原校：一作「春」。

〔3〕罨（yǎn）畫：色彩鮮明的繪畫。

〔4〕醲醁：指美酒。

徐　瑞

　　徐瑞（1254～1324，《全宋詩》作 1255～1325），字山玉，號松巢。鄱陽（今江西波陽）人。度宗咸淳間應舉不第。後推為本邑書院山長，未幾歸隱於家。著有《松巢漫稿》3 卷。今錄戲謔詩 11 首。

正月晦日泛舟詣東湖興盡而返戲作〔1〕

　　古渡開帆破暮煙，平明回棹浪鳴舷。可憐煙雨東湖興，絕似山陰雪夜船〔2〕。

〔校注〕

〔1〕據作者同卷前詩《丁亥正月二日自東湖泛舟歸鵲湖》知「正月」乃「丁亥正月」，即至元二十四年（1287）。鵲湖：今為鴉鵲湖濕地，在鄱陽縣境內。晦日：農曆每月最後的一天。東湖：此似指鄱陽境內東湖，或指朋友。

〔2〕山陰雪夜船：南朝宋劉義慶《世說新語·任誕》載：王徽之雪夜起興，號舟訪戴逵，天亮到了戴家門口，又因興盡而返回。

次韻怡如解嘲

　　子敦尚受坡翁謔〔1〕，山谷何心戲炳之〔2〕。抵掌相看成一笑，折肱始信是良醫〔3〕。

〔校注〕

〔1〕子敦：顧子敦，北宋文人，和蘇東坡、黃庭堅等人是好朋友，又高又胖，人稱「顧屠夫」，因嗜睡又稱「嗜睡大臣」。曾任京兆尹的顧子敦，體格肥胖笨拙，人送外號「顧屠」——顧屠夫。某日，顧子敦邀幾位同僚和友人，在慈孝寺宴

聚，東坡在受邀之列。酒喝得差不多了，顧子敦略有些高，爬在桌上假寐。蘇東坡見狀，起身挪開碗碟，在酒桌上寫了四個字——顧屠肉案。逗起一桌人大笑。東坡接著從自己兜裏掏出三十錢來，丟到酒桌上，下巴朝顧子敦聳聳，一本正經地招呼另一位同桌：「且片批四兩來！」——給我從這頭豬身上割四兩肉厚膘肥的肉。

〔2〕山谷：此處指山谷道人，為宋代黃庭堅的別號。《宋史・文苑傳六・黃庭堅》：「初，遊灊皖山谷寺、石牛洞，樂其林泉之勝，因自號山谷道人云。」亦省稱「山谷」。炳之：王伯虎，字炳之。福清（今屬福建）人。仁宗嘉祐四年（1059）進士。黃山谷集中多有唱和之作。

〔3〕折肱：《左傳・定公十三年》：「三折肱知為良醫。」

腰痛苦甚戲作二絕句〔1〕

十萬腰纏不足珍〔2〕，腰圍頓減可憐人。折腰不為五斗米，彭澤元來解忍貧〔3〕。

〔校注〕

〔1〕原注：錄其一。

〔2〕腰纏：語出南朝梁殷芸《小說》：「腰纏十萬貫，騎鶴上揚州。」後指隨身攜帶的錢財，亦泛指擁有的財富。

〔3〕「折腰」二句：五斗米：《晉書・隱逸傳・陶潛》：「郡遣督郵至縣，吏白應束帶見之，潛歎曰：『吾不能為五斗米折腰，拳拳事鄉里小人邪！』義熙二年，解印去縣。」後用以指微薄的官俸。此句講陶淵明不為五斗米折腰之事。彭澤：縣名。漢代始設。在今江西省北部。晉陶潛曾為彭澤令，因以「彭澤」借指陶潛。

仲退示芳洲閒居律詩三首並示和章次韻寄芳洲一笑並簡仲退〔1〕

其一

契闊難逢笑口開〔2〕，溪雲山雨首頻回〔3〕。未能千橘為身計〔4〕，尚笑三槐待子栽〔5〕。我道從來高勇退，君詩況自恥嗟來〔6〕。有親可養人生樂，拚取餘年學老萊〔7〕。

〔校注〕

〔1〕題注：己亥。　　仲退：吳存（1257～1339），字仲退，號樂庵，又號月庵漁

者。饒州鄱陽（今屬江西）人。延祐元年，領鄉薦，下第，恩授饒州路儒學正。泰定二年，調寧國路儒學教授，以鄱陽縣主簿致仕。著有《樂庵遺稿》2卷，收人清人史簡所編《鄱陽五家集》。　芳洲：黎廷瑞（1250～1308，一作1298），字祥仲，號芳洲。鄱陽（今江西波陽）人，咸淳七年（1271）進士，官肇慶府司法參軍。元至元二十三年（1286），攝本州教授。有《芳洲集》三卷。

〔2〕契，豫章本作「間」。　契闊：辛苦。毛傳：「契闊，勤苦也。」

〔3〕溪雲山雨：許渾《咸陽城東樓》：「溪雲初起日沉閣，山雨欲來風滿樓。」表傷感愁思。

〔4〕千橘：典出千頭橘奴。橘奴，擬人化的說法，李衡呼橘為奴，畜橘養家。指可以維持生計的家產，或指前人為後人創造財富。《三國志·吳志·孫休傳》裴松之注引《襄陽記》：「汝母惡我治家，故窮如是。然吾州里有千頭木奴，不責汝衣食，歲上一匹絹，亦可足用耳。」後遂以「橘奴」為橘樹或橘子的別稱。

〔5〕三槐：宋王祐嘗手植三槐於庭，曰：「吾子孫必有為三公者。」後其子旦果入相，天下謂之三槐王氏。見宋邵伯溫《聞見前錄》卷八。　勇退：勇於隱退；見機急退。

〔6〕嗟來：「嗟來之食」的略語。原指憫人飢餓，呼其來食。後多指侮辱性的施捨。

〔7〕老萊：老萊子的省稱。春秋末年楚國隱士。相傳居於蒙山之陽，自耕而食。有孝行，年七十，常著五色彩衣為嬰兒狀，以娛父母。楚王詔其出仕，不就，偕妻遷居江南。指有孝心孝行的子女。

其二

老子文章興尚狂，看花可復夢名場〔1〕。誰憐用意平生苦，欲俟知音來世長。鄲俗但能聽下里〔2〕，騷人更待賦高唐〔3〕。年來頗欲焚吾硯，蓑笠田間百念忘。

〔校注〕

〔1〕看花：唐時舉進士及第者有在長安城中看花的風俗。名場：指科舉的考場。以其為士子求功名的場所，故稱。

〔2〕下里：指民間歌謠。晉陸機《文賦》：「綴《下里》於《白雪》，吾亦濟夫所偉。」這句典出戰國·楚宋玉《答楚王問》：「客有歌於鄲中者，其始曰《下里巴人》，國中屬而和者數千人；其為《陽阿》《薤露》，國中屬而和者數百人；其為《陽春白雪》，國中屬而和者不過數十人……是其曲彌高，其和彌寡。」

〔3〕高唐：戰國時楚國臺觀名。在雲夢澤中。傳說楚襄王遊高唐，夢見巫山神女，
　　　幸之而去。戰國楚宋玉《高唐賦》序：「昔者楚襄王與宋玉遊於雲夢之臺，望
　　　高唐之觀。」

其三

翟公莫厭雀羅門〔1〕，杜老甘居獨樹村。諤諤固應賢唯唯〔2〕，昭昭
元不似昏昏〔3〕。窮居有分行吾意，君子觀人論所存〔4〕。未必鍾期曠千
載〔5〕，興來一再撫桐孫〔6〕。

〔校注〕

〔1〕雀羅門：《史記‧汲鄭列傳》：「始翟公為廷尉，賓客闐門；及廢，門外可設雀
　　　羅。」後以「雀羅門」形容冷落的門庭或失勢之家。

〔2〕諤諤：直言爭辯貌。《韓詩外傳》卷十：「有諤諤爭臣者，其國昌；有默默諛臣
　　　者，其國亡。」唯唯：應而不置可否貌。語出《史記‧太史公自序》：「太史公
　　　曰：『唯唯，否否，不然。』」裴駰集解引晉灼曰：「唯唯，謙應也；否否，不
　　　通者也。」後因以「唯唯否否」形容虛與委蛇，佯應而不置可否。

〔3〕昭昭：明白；顯著。昏昏：糊塗；愚昧。《老子》：「眾人昭昭，我獨昏昏。」

〔4〕所存：謂心志所在。《孟子‧盡心上》：「夫君子，所過者化，所存者神，上下
　　　與天地同流。」朱熹集注：「心所存主處。」

〔5〕鍾期：即鍾子期。比喻知音者。

〔6〕桐孫：桐樹新生出的小枝。北周庾信《詠樹》詩：「楓子留為式，桐孫待作琴。」
　　　明楊升庵《丹鉛總錄》：「凡木本實而末虛，惟桐反之。試取小枝削之，皆堅實
　　　如惜，而其本皆虛。故世所以貴孫枝者，貴其實也。」後世用以稱他人之孫為
　　　桐孫。

修禊後三日與仲退坐小齋暖雨初歇忽聞異香於是花事已罷春在塵土意其為草木暢茂有自然之香而卒莫詰其所從來明日仲退以心清聞妙香為韻作五詩奉次一噱〔1〕

其一

齋居屏塵跡，讀易洗我心。微風逗天香〔2〕，縹緲不可尋。時時觸鼻
觀〔3〕，恍恍生空林。掩卷坐床側，桂樹交繁陰。

〔校注〕

〔1〕自注：丁亥。　　即元至元二十四年（1287）。修禊：古代民俗於農曆三月上旬的巳日到水邊嬉戲，以祓除不祥，稱為修禊。三曰：指三月三日上巳節。花事：關於花的情事。春季百花盛開，故多指遊春看花等事。

〔2〕天香：芳香的美稱。北周庾信《奉和同泰寺浮圖》：「天香下桂殿，仙梵入伊笙。」

〔3〕鼻觀：佛道修煉要訣：「眼觀鼻，鼻觀心。」

其二

金華太史公〔1〕，隱几降心兵〔2〕。濛濛香事已〔3〕，吟事方施行。我方慕高致〔4〕，澹境奇趣生。不知何從來，乃有如許清。

〔校注〕

〔1〕金華太史公：一般指明代宋濂。疑此為偽作。金華：今浙江金華。

〔2〕隱几：靠著几案，伏在几案上。《孟子‧公孫丑下》：「有欲為王留行者，坐而言，不應，隱几而臥。」

〔3〕香事：用香之事。

〔4〕高致：高尚或高雅的情致、格調。

其三

異時參上乘〔1〕，成種芸自薰。茫茫世界中，變幻如浮雲。豈知無盡法，真修不在聞。我猶未免俗，志一誰能分。

〔校注〕

〔1〕參上乘：即參上乘禪。

其四

眼纈龜甲屏〔1〕，耳聞蚯蚓竅〔2〕。二者本無有，客感足悲弔。君看此幽芬，無情尤可笑。只作偶然觀，冥冥會眾妙〔3〕。

〔校注〕

〔1〕眼纈（xié）：眼花。宋蘇軾《聚星堂雪》詩：「未嫌長夜作衣棱，卻怕初陽生眼纈。」亦指醉眼。宋曾慥《類說‧拾遺類總‧眼纈》：「醉眼曰眼纈。」龜甲屏：龜甲屏風，玉製或玉飾的屏風。因其花紋似龜甲紋路，故名。

〔2〕蚯蚓竅：典出唐代韓愈《彌明石鼎聯句》：「時於蚯蚓竅。」宋代蘇軾《瓶笙》：
「陋哉石鼎逢彌明，蚯蚓竅作蒼蠅聲。」黃庭堅《省中烹茶懷子瞻用前韻》：
「恩公煮茗共湯鼎，蚯蚓竅生魚眼珠。」其形容茶湯在鐺中一沸之際的聲音像
蚯蚓鑽出地面時發出的鳴叫聲，又作蚯蚓叫。

〔3〕眾妙：語出《老子》「眾妙之門。」陸希聲《道德真經傳》：「出則為眾，入則
為妙。」

其五

何年有野人，聞香未肯忘。世俗誇富貴，爭費枏櫨黃〔1〕。我雖一掃
空，奈此風韻長。一笑與神遇〔2〕，底用譜異香。

〔校注〕

〔1〕枏（nán）：同「楠」。櫨（lǜ）：諸櫨。古書上說的一種藤蔓植物。亦稱「山欒」。

〔2〕神遇：謂從精神上去感知事物或事理。語出《莊子‧養生主》：「臣以神遇，而
不以目視。」陸德明釋文引向秀曰：「暗與理會謂之神遇。」

宋 無

宋無（1260～約1341），原名尤，字晞顏，宋亡後易名，改字子虛，原籍晉陵（今江蘇常州），以兵亂遷吳（今江蘇蘇州）。少從歐陽守道學，致力於詩。曾舉茂才，以親老不就。晚年隱居翠寒山。其詩較重詞采修飾。著有《翠寒集》。今錄戲謔詩2首。

觀沈氏盆開雙頭蓮花戲作

一枝傾國又傾城，笑並香腮百媚生。湘浦二妃窺寶鏡〔1〕，星宮雙六下銀泓〔2〕。金波影儷嬋娟巧〔3〕，玉露心分沆瀣清〔4〕。曾向鴛鴦屏上看，野花空得合歡名〔5〕。

〔校注〕

〔1〕湘浦二妃：指傳說中舜之妻娥皇女英。死後成為湘水之神。漢劉向《列女傳・有虞二妃》：「有虞二妃者，帝堯之二女也。長娥皇，次女英……舜既嗣位升為天子，娥皇為后，女英為妃，封象於有庳，事瞽叟猶若初焉，天下稱二妃。」寶鏡：喻月。

〔2〕雙六：即雙陸。古代一種博戲。

〔3〕金波：謂月光。嬋娟：形容月色明媚。

〔4〕沆瀣：夜間的水氣，露水。舊謂仙人所飲。

〔5〕合歡：植物名。一名馬纓花。落葉喬木，羽狀復葉，小葉對生，夜間成對相合，故俗稱「夜合花」。夏季開花，頭狀花序，合瓣花冠，雄蕊多條，淡紅色。古人以之贈人，謂能去嫌合好。

髮白解嘲

吳霜兩鬢早先秋〔1〕，聞道愁多會白頭。溪上鷺鷥渾似雪〔2〕，想應無那一身愁。

〔校注〕

〔1〕吳霜：吳地的霜。亦比喻白髮。

〔2〕鷺鷥：因其頭頂、胸、肩、背部皆生長毛如白絲，故稱。

汪永昶

汪永昶（1261～1338），字戀遠，婺源（今屬江西）人。幼勵志力學，受學於孫嵩，得程朱性理之要。宋亡，與同里江凱隱於婺源山中，自號古逸民，學者稱古逸先生。著有《古逸民先生集》。今錄戲謔詩 11 首。

戲題江沖陶池亭〔1〕

寒蔭竹梢雲，清分稻畦水。無令鷗鷺知，驚散菰蒲雨〔2〕。

〔校注〕

〔1〕江沖陶：作者朋友。汪永昶有《奉和江沖陶隱居二十韻》；汪宗臣有《休寧縣邸疾中和江沖陶韻》，自注：「成連（蓮）先生伯牙三師。」成連是春秋時期著名琴師，擅彈琴，俞伯牙之師。用括號注「蓮」字有誤。

〔2〕菰蒲雨：雨灑落在菰蔣和蒲草上。宋姜夔《念奴嬌》詞上闋：「鬧紅一舸，記來時，嘗與鴛鴦為侶。三十六陂人未到，水佩風裳無數。翠葉吹涼，玉容銷酒，更灑菰蒲雨。嫣然搖動，冷香飛上詩句。」

齒痛戲成三首

其一

齒應宜脫落，鬢已舊蒼浪。肉食定無分，茹蔬猶見妨。動疑難再穩，痛似忽微長。舌在吾何患，休看肘後方〔1〕。

〔校注〕

〔1〕肘後方：晉葛洪曾撰醫書《肘後備急方》，簡稱《肘後方》。

其二

療法人爭授，奇功竟未遭。嚼侵驚已折，漱撼喜猶牢。幸不妨黃奶〔1〕，惟當釂濁醪〔2〕。子荊泉石約〔3〕，一笑我將逃。

〔校注〕

〔1〕黃奶：黃妳，書卷的戲稱。南朝梁蕭繹《金樓子》卷六：「有人讀書握卷而輒睡者，梁朝有名士，因呼書卷為黃奶。此蓋言其怡神養性，如乳媼也。」

〔2〕釂（jiào）：飲酒乾杯。濁醪：濁酒。用糯米、黃米等釀製的酒，較混濁。

〔3〕子荊：孫楚（？～293），字子荊。太原中都（今山西省平遙縣西北）人，西晉官員、文學家。曹魏驃騎將軍孫資之孫，南陽太守孫宏之子。出身於官宦世家，史稱其「才藻卓絕，爽邁不群」。少時想要隱居，對王濟說：「當枕石漱流」，不小心說成了「漱石枕流」。王濟反問：「流可枕，石可漱乎？」孫楚說：「所以枕流，欲洗其耳；所以漱石，欲礪其齒。」

其三

強把殘編閱，支頤坐北堂〔1〕。味從中夜永，痛偶暫時忘。意外逢奇藥，人間欠此方。倉公如欲覓〔2〕，寄語不珍藏。

〔校注〕

〔1〕支頤：以手托頰。

〔2〕倉公：淳于意，曾任齊太倉令，故稱倉公。西漢初齊臨淄（今山東淄博東北人）。精醫道，辯證審脈，治病多驗。曾從公孫光學醫，並從公乘陽慶學黃帝、扁鵲脈書。後因故獲罪當刑，其女緹縈上書文帝，願以身代，得免。《史記》記載了他的二十五例醫案，稱為「診籍」，是我國現存最早的病史記錄。

次韻戲族兄存耕翁再納寵姬〔1〕

其一

買得輕盈一樹春，畫堂歌舞又翻新。慈烏哺母情兼洽〔2〕，彩鳳將雛色總珍。鬟鬢應梳雲作髻〔3〕，嬋娟想琢玉為人。素知靜婉矜佳麗〔4〕，肯向羅敷意獨親〔5〕。

〔校注〕

〔1〕存耕：即汪存耕，徽州休寧（今屬安徽）人。出身於顯貴家族，讀儒書之外，

旁通醫學。曾任般陽路（治所在今山東淄博南）醫學提領，御史以「茂材異等」
舉薦，改授建寧路（治所在今福建建甌）醫學教授，當時他五十餘歲。陳櫟《陳
定宇先生文集》卷二有《送汪存耕之建寧醫序》。

〔2〕慈烏：烏鴉的一種。相傳此鳥能反哺其母，故稱。兼洽：廣博。

〔3〕鬌鬌（duǒ）：頭髮美好貌。

〔4〕靜婉：一作「淨琬」。《梁書‧羊侃傳》：「侃性豪侈，善音律，自造《採蓮》《棹
歌》兩曲，甚有新致……舞人張淨琬，腰圍一尺六寸，時人咸推能掌中舞。」
後因以「靜婉」指代歌舞能手。

〔5〕羅敷：古代美女名。晉崔豹《古今注‧音樂》：「《陌上桑》出秦氏女子。秦氏，
邯鄲人，有女名羅敷，為邑人千乘王仁妻。王仁後為越王家令，羅敷出採桑於
陌上，趙王登臺見而悅之，因飲酒欲奪焉。羅敷乃彈箏，乃作《陌上歌》以自
明焉。」

其二

香風輕漠繡簾春，樂事從來不厭新。已有昭華君未愜〔1〕，若逢嫫母
我猶珍〔2〕。虛煩設醴長為客〔3〕，幸不聞歌足惱人。欲賦高唐追宋玉〔4〕，
終嫌想像未如親。

〔校注〕

〔1〕昭華：美玉名。此借指美人。

〔2〕嫫母：亦作「嫫姆」。傳說為黃帝第四妃，貌甚醜。《荀子‧賦》：「閭娵、子奢，
莫之媒也；嫫母、力父，是之喜也。」楊倞注：「嫫母，醜女，黃帝時人。」

〔3〕設醴：《漢書‧楚元王劉交傳》：「元王每置酒，常為穆生設醴。」顏師古注：
「醴，甘酒也。」後以「設醴」指禮遇賢士。

〔4〕高唐：戰國時楚國臺觀名。在雲夢澤中。傳說楚襄王遊高唐，夢見巫山神女，
幸之而去。戰國楚宋玉《高唐賦》序：「昔者楚襄王與宋玉遊於雲夢之臺，望
高唐之觀。」宋玉：戰國時楚人，辭賦家。或稱是屈原弟子，曾為楚頃襄王大
夫。

山園戲書三物

其一

雨余露雙角〔1〕，戴角緣欹危〔2〕。吾疑甚為累，失此將何依。荒涼

一畝宮〔3〕，晨出暮來歸。雖不著我體，為累豈異茲。應有露臥翁，竊視復見嗤。〔4〕

〔校注〕

〔1〕雙角：兩隻角。

〔2〕戴角：頭頂上生角。欹（yǐ）：古通「倚」，斜靠著。

〔3〕一畝宮：《禮記·儒行》：「儒有一畝之宮，環堵之室，篳門圭窬，蓬戶甕牖。」後因以「一畝宮」稱寒士的簡陋居處。

〔4〕自注：右詠蝸牛。

其二

名著雖已古，形模絕醜怪。應視坎井卑〔1〕，不啻河海大。時作高雄聲，如泄肝腸快。欲逃鼎俎烹〔2〕，絕技惟一口。何勞努兩目，怒氣常不殺。〔3〕

〔校注〕

〔1〕坎井：亦作「埳井」。廢井；淺井。

〔2〕鼎俎：泛稱割烹的用具。

〔3〕自注：右詠蝦蟆。　蝦蟆，亦作「蛤蟆」。青蛙和蟾蜍的統稱。

其三

群動各矜奮〔1〕，爾獨聊優游〔2〕。引頸欲出穴，忽縮尋無由。物資爪牙利，一飽纔能謀。爾形獨何殊，宜有餒死憂。乃能樂清夜，和我商聲謳。〔3〕

〔校注〕

〔1〕群動：各種動物。矜奮：武勇，果敢。

〔2〕優游：作事猶豫，不果決。此意為自由自在。

〔3〕自注：右詠蚯蚓。　蚯蚓，環節動物。體形圓長而柔軟，經常穿穴泥中，能改良土壤，有益農事。商聲：五音中的商音。

壁間古木新篁影有可愛走筆戲題

韋偃工古松〔1〕，與可善枯竹〔2〕。豈如君家素壁上，有此天然畫兩幅。一株古木欹牆東，狀如峨嵋山巔千歲萬歲之枯松。旁有笛材拔孤玉

〔3〕，扶疏枝葉帶露而篩風〔4〕。天知君愛畫，欲為發一哂。呼取羲娥作畫師〔5〕，藉此二物為畫本。戲從君家壁間摹寫之，一枝一葉俱無遺。傍人來見道是畫，問如何畫無能之。元來畫時不用諸葛筆、梁杲墨〔6〕，別有妙法匿形跡。偷兒雖甚愛，看得卷不得。或全瀏亮或模糊，隨時明暗有卷舒。報君若欲觀此畫，請跨金烏玉兔來其下〔7〕。

〔校注〕

〔1〕韋偃：唐朝長安（今陝西西安）人，僑居成都（今屬四川），生卒年不詳。官至少監。善畫古松。

〔2〕與可：文同（1018～1079），字與可，號笑笑居士、笑笑先生，人稱石室先生。北宋梓州梓潼郡永泰縣（今屬四川省綿陽）人。著名畫家、詩人。他與蘇軾是表兄弟，以學名世，擅詩文書畫，深為文彥博、司馬光等人贊許，尤受其從表弟蘇軾敬重。

〔3〕笛材：用以製笛的材料。指笛竹。

〔4〕扶疏：枝葉繁茂分披貌。

〔5〕羲娥：日御羲和與月神嫦娥的並稱。借指日月。

〔6〕諸葛筆：一種有名的毛筆。宣州諸葛氏所製。梁杲墨：宋時有名的一種油煙墨。宋楊萬里《謝王恭父贈梁杲墨》詩：「君不見，蜀人烏丸天下妙，前有蒲韶後梁杲。」

〔7〕金烏：古代神話傳說太陽中有三足烏，因用為太陽的代稱。玉兔：指神話中月亮裏的白兔。指月亮。

程存虛夢與六人飲酒賦詩餘亦與焉而眉長夾鼻下與髯齊覺而記其詩以見示或以此為余壽徵因憶羅漢中有長眉尊者戲次韻〔1〕

莫是阿羅漢〔2〕，前身住化城〔3〕。夢猶形法相〔4〕，業未剗詩情。矧復論修短〔5〕，真當外死生。世人寬作計〔6〕，端欲俟河清〔7〕。

〔校注〕

〔1〕程存虛：不詳其人。壽徵：長壽的徵兆。

〔2〕阿羅漢：梵語 Arhat 的譯音。小乘佛教所理想的最高果位。佛教亦用稱斷絕嗜欲，解脫煩惱，修得小乘果的人。

〔3〕住化城：《妙法蓮花經》：「若從大乘，理無灰斷，永住化城，終歸寶所。」

〔4〕法相：諸法之相狀，包含體相（本質）與義相（意義）二者。《大毗婆沙論》卷一二九云：「唯佛世尊究竟了達諸法性相，亦知勢用，非余能知。」陳譯《攝大乘論釋》卷六云：「如來之智於法體及法相皆無障礙。」又《成實論》卷一〈眾法品〉云：「阿難是大弟子，通達法相。」

〔5〕矧（shěn）：況且，亦。修短：長短。指人的壽命。

〔6〕世人：指未出家的世俗之人，與「僧侶」相對。

〔7〕俟河清：河清難俟。《左傳·襄公八年》：「子駟曰：《周詩》有之曰：『俟河之清，人壽幾何？』」杜預注：「逸詩也。言人壽促而河清遲。喻晉之不可待。」後以「河清難俟」比喻時久難待。

張　浩

　　張浩，字巨源，西洛（今河南洛陽）人。以蔭入仕，及冠未婚，後娶李氏。今錄戲謔詩 1 首。

戲李氏

　　華胥佳夢惟聞說，解佩江皋浪得聲。一夕東軒多少事，韓郎虛負竊香名〔1〕。

〔校注〕

〔1〕韓郎：即韓壽。《晉書・賈充傳》：韓壽與賈充女私通，「時西域有貢奇香，一著人則經月不歇，帝甚貴之，惟以賜充（賈充）及大司馬陳騫。其女密盜以遺壽（韓壽）。充僚屬與壽燕處，聞其芬馥，稱之於充。自是充意知女與壽通」，後「遂以女妻壽」。

某名公

戲答舉人索米〔1〕

　　五貫九百五十俸，省錢請作足錢用〔2〕。妻兒尚未厭糟糠〔3〕，僮僕豈免遭饑凍。贖典贖解不曾休〔4〕，吃酒吃肉何曾夢。為報江南癡秀才，更來謁索覓甚甕〔5〕。

〔校注〕

〔1〕索米：求取米糧。《漢書・東方朔傳》：「臣朔饑欲死。臣言可用，幸異其禮；不可用，罷之，無令但索長安米也。」後因以「索米」稱謀生。

〔2〕足錢：足陌錢。亦泛指足額的錢數。

〔3〕糟糠：酒滓、穀皮等粗劣食物，貧者以之充饑。

〔4〕贖典：用錢物換回抵押品。贖解：猶贖當。解，指解庫，即當鋪。

〔5〕宋沈括《夢溪筆談》卷二三：「嘗有一名公，初任縣尉，有舉人投書索米，戲為一詩答之云云。熙寧中，例增選人俸錢，不復有五貫九百俸者。」

無名氏

嘲張師雄

　　昨夜陰山賊吼風〔1〕，帳中驚起蜜翁翁〔2〕。平明不待全師出，連著皮裘入土空。〔3〕

〔校注〕

〔1〕陰山：山脈名。即今橫亙於內蒙古自治區南境、東北接連內興安嶺的陰山山脈。山間缺口自古為南北交通孔道。

〔2〕蜜翁翁：宋代張師雄的綽號。

〔3〕宋魏泰《臨漢隱居詩話》：「『昨夜陰山吼賊風，帳中驚起紫髯翁。平明不待全師出，連把金鞭打鐵驄。』不知何人之詩，頗為邊人傳誦。有張師雄者，居洛中，好以甘言悅人，晚年尤甚，洛人目為蜜翁翁。會官於塞上，一夕，傳胡騎犯邊，師雄倉惶振恐，衣皮裘兩重，伏於土穴中，神如癡矣。無名子改前詩嘲之云云。」

朱定國

　　朱定國（1011～1089），字興仲，其先成都（今屬四川）人，後東徙。慶曆二年進士及第，官尚書屯田員外郎、朝散郎。好為詩，著有詩數百首，詩格平淡。今錄戲謔詩 1 首。

戲張天驥〔1〕

　　羨公飄蕩一孤舟，來作錢塘十日遊。水洗禪心都眼淨，山供詩筆總眉愁。雪中乘興真聊爾，春盡思歸都罷休。何事卻尋朱處士〔2〕，種魚萬尾橘千頭〔3〕。

〔校注〕

〔1〕張天驥：北宋人，字聖塗，自號雲龍山人，又稱張山人，彭城（今江蘇徐州）人。滿腹才華，有出世之志，不願做官，醉心於道家修身養性之術，隱居徐州雲龍山西麓黃茅岡，以躬耕自資，奉養父母。郡守蘇軾與之遊，以《放鶴亭記》紀之。

〔2〕朱處士：宋朝人善畫龍，傳自其祖，黃希旦有贈詩。《支離子集》有記。

〔3〕《詩話總龜》前集卷三八引《紀詩》：「徐州雲水山人張天驥，不遠千里見朱定國於錢塘，愛其中風物，遂欲徙家居焉。春盡思歸，以詩戲之云云。」橘千頭：千頭橘奴。李衡呼橘為奴，畜橘養家。指可以維持生計的家產，或指前人為後人創造財富。

無名氏

戲題林靈素畫像〔1〕

　　當日先生在市廛〔2〕，世人那識是真仙。只因學得飛昇後〔3〕，雞犬相隨也上天〔4〕。

〔校注〕

〔1〕林靈素（1075～1119）：原名靈噩，字通叟，溫州（今屬浙江）人，北宋末著名道士，少時為沙彌，偷喝酒，被長老鞭打，憤而做道士。後來道教為了掩蓋事實，反稱少為蘇軾的書童。宋徽宗賜號通真達靈先生，加號元妙先生、金門羽客。

〔2〕市廛（chán）：指店鋪集中的市區。

〔3〕飛昇：謂羽化而升仙。

〔4〕《竹坡詩話》：「道士林靈素，以方術顯於時。有附之而得美官者，頗矜有驕色，或作詩云云。」

無名氏

迴文

　　紅窗小立低聲怨，永日春寒斗帳空。中酒落花飛絮亂，曉鶯啼破夢匆匆。

　　同誰更倚閒窗繡，落日紅扉小院深。東復西流分水嶺，恨兼愁續斷弦琴。

　　寒信風飄霜葉黃，冷燈殘月照空床。看君寄憶迴文錦，字字縈愁寫斷腸。

　　前堂畫燭殘凝淚，半夜清香舊惹衾。煙鎖竹枝寒宿鳥，水沈天色霽橫參〔1〕。

　　娥翠斂時聞燕語，淚珠彈處見鴻歸。多情妾似風花亂，薄倖郎如露草晞。〔2〕

〔校注〕

〔1〕橫參：橫斜的參星。參星在天快亮時打橫。隋諸葛穎《奉和御製月夜觀星示百僚》：「澄水含斜漢，修樹隱橫參。」

〔2〕《苕溪漁隱叢話》前集卷六〇引《漫叟詩話》。

陳宗遠

陳宗遠，字巽齋。曾應科舉考試不第。有《寒窗聽雪集》，已佚。今錄戲謔詩 1 首。

戲同舍與內競

龍泉函氣清，歐冶吐霞綺。干將墮龜文，莫邪潛漫理。藏鋒金匣夜光芒，銅花玉暈相磨砥。雄雌一落東與西，相從不隔千山水。憶妾與君差池飛，送君挾策遊京畿。暮雲空碧雁度遠，畫梁寂寞燕來遲。但願月宮分彩色，豈恨霜閨弄落暉。君方倦羈旅，妾亦厭枌土[1]。錦水鴛鴦巢漢林，綺翼飛翔交媚嫵。有時嬌妒不自持，佯嗔不肯舒眉宇。逢君貧困泣牛衣，舉案低蛾似頑魯。誰知志滿凌暴生，剛腸便不愛卿卿。望斷犢車揮塵急，飽負虎峴攘臂輕。松柏故無情，凌霄植根蒂。柔蔓託高翹，歲寒忻附麗。何為絲蘿親，反有榮悴異。昔日淚沾衣，長嗔失意同寒饑。今日衣擁淚，翻怨得意由輕肥。炎涼世態得失間，怨君卻悔嗔君時。

〔校注〕

〔1〕枌土：指故鄉。宋范成大《判命坡》詩：「早晚北窗尋噩夢，故應含笑老榆枌。」榆枌，即枌土。

無名氏

嘲林叔茂私挈楚娘〔1〕

三山城內有神仙，一個夫人一個偏。開口笑時真似品，直身眠處恰如川。並頭難敘胸中事，欹枕須防背後拳。王愷石崇池裏藕〔2〕，分明兩個大家蓮〔3〕。

〔校注〕

〔1〕叔茂，《宋詩紀事》卷九七作「茂叔」。　　林叔茂：三山（今福州）人，進士及第。無名氏《嘲林叔茂妻妾同床》，即本詩。

〔2〕王愷：字君夫，西晉時期外戚、富豪，曹魏司徒王朗之孫，名儒王肅第四子。晉武帝司馬炎的舅舅，文明皇后王元姬的弟弟。曾得晉武帝之助與石崇鬥富攀比，為時論者所譏諷。石崇（249～300），字季倫，小名齊奴。渤海南皮（今河北南皮東北）人。大司馬石苞第六子，西晉時期文學家、官員、富豪，「金谷二十四友」之一。

〔3〕《醉翁談錄》乙集卷一：三山林叔茂，初來赴省，過名娼楚娘，兩情相眷。後科高中，授建昌教授。私挈楚娘歸家，婦李氏稍不能容，楚娘題《生查子》，李氏見之，遂相與並衾而臥。當時好事者為詩以嘲之云云。

徐用亨

　　徐用亨，括蒼（浙江麗水西）人。《宋詩紀事》徐用亨《偶作》：「寄言世上多風鑒，一笑何妨改眼看。」即《全宋詩》之《嘲教授》尾聯。今錄戲謔詩1首。

嘲教授

　　誰把先生號冷官，令名深愧馥秋蘭〔1〕。孟公豈是陳驚座〔2〕，子夏元非杜小冠〔3〕。涇渭合流雖若混，雲泥敻絕不相干〔4〕。寄言世上多風鑒，一笑何妨改眼看。〔5〕

〔校注〕

〔1〕令名：美好的聲譽。秋蘭：秋日的蘭草。《楚辭·離騷》：「扈江離與辟芷兮，紉秋蘭以為佩。」

〔2〕孟公：陳遵，字孟公，杜陵（今西安）人。封嘉威侯。嗜酒，略涉傳記，贍於文辭。性善書，與人尺牘，主皆藏弃以為榮。王莽奇其材，起為河南太守，復為九江及河內都尉。工書，「芝英篆」遵所作。在漢中葉，武帝臨朝（35～57）愛有靈芝三本，植於殿前。既歌芝房之曲，又述「芝英」之書。陳氏即「芝英」之祖。《漢書本傳》《夢莢十八體書》曾任鬱夷令。　　陳驚座：《漢書·遊俠傳·陳遵》：「（陳遵，字孟公）所到，衣冠懷之，唯恐在後。時列侯有與遵同姓字者，每至人門，曰陳孟公，坐中莫不震動，既至而非，因號其人曰陳驚座云。」後用以借指名震於時的名士。

〔3〕子夏：（前507～？）：姓卜，名商，字子夏，後亦稱「卜子夏」、「卜先生」，春秋末晉國溫人（今河南溫縣）（另有魏人、衛人二說，近人錢穆考定，溫為魏所滅，衛為魏之誤，故生二說），孔子之弟子，「孔門十哲」之一。子夏少孔子四十四歲，是孔子後期學生中之佼佼者，才思敏捷，以文學著稱，被孔子許為其「文學」科的高材生。杜小冠：樓鑰《攻媿集》卷七五《跋巢經唱和帖》（向薌林壽岡楊願巢經蕭奐）：「樞密楊公字原仲，姓名適與壽岡相似。今其家在會稽，杜小冠陳驚坐，不可不辨也。」

〔4〕雲泥：語出《後漢書·逸民傳·矯慎》：「（吳蒼）遺書以觀其志曰：『仲彥足下，勤處隱約，雖乘雲行泥，棲宿不同，每有西風，何嘗不歎！』」雲在天，泥在地。後因用「雲泥」比喻兩物相去甚遠，差異很大。敻（xiòng）絕：猶斷絕，隔絕。

〔5〕《吹劍錄》：我鄉潘先生元龜，授婺州教授，鄰居徐先生用亨亦呼教授，因作詩云云。

詹　文

　　詹文，縉雲（今浙江縉雲）人。熙寧六年進士。元祐中歷官承議郎、武騎尉，紹聖初為太學博士，崇寧三年以朝散郎，直秘閣知越州。《全宋詩》無傳。今錄戲謔詩 1 首。

登科後解嘲〔1〕

　　讀盡詩書五六擔，老來方得一青衫。佳人問我年多少，五十年前二十三。〔2〕

〔校注〕

〔1〕《宋詩紀事》卷五八引《清夜錄》署紹熙元年進士詹義。《鶴林玉露》卷二二引末二句作時人戲紹興間進士陳修。

〔2〕宋俞文豹《唾玉集》。

嵩禪師

佛日契嵩禪師（1007～1072），著名高僧，雲門宗法嗣。俗姓李，字仲靈，自號潛子，北宋藤州鐔津（今廣西藤縣）人，仁宗賜號「明教大師」。著有《嘉祐集》。今錄戲謔詩 1 首。

戲悼如禪師

繼祖當吾代，生緣行可規〔1〕。終身常在道，識病懶尋醫。貌古筆難寫，情高世莫知。慈雲布何處〔2〕，孤月自相宜。〔3〕

〔校注〕

〔1〕生緣：佛教語。塵世的緣分。

〔2〕慈雲：佛教語。比喻慈悲心懷如雲之廣被世界、眾生。

〔3〕宋普濟《五燈會元》卷六。

如禪師

答嵩禪師

　　道契平生更有誰〔1〕，閒卿於我最心知。當初未欲成相別，恐誤同參一首詩。〔2〕

〔校注〕

〔1〕道契：謂彼此思想一致、志趣相投。

〔2〕《五燈會元》卷六：雙溪布衲如禪師因嵩禪師戲以詩悼之，師讀罷舉答云云。投筆坐亡。　　《指月錄》載：雙溪布衲如禪師，因嵩禪師戲以詩悼之曰：「繼祖常吾代，生緣行可規。終身常在道，識病懶尋醫。貌古筆難寫，情高世莫知。慈雲布何處，孤月自相宜。」師讀罷舉筆答曰：「道契平生更有誰，閒卿於我最心知。當初未欲成相別，恐誤同參一首詩。」投筆坐亡，六十年後，塔戶自啟，真容儼然。

林叔弓

林叔弓，莆田人，輕浮之士也。今錄戲謔詩 1 首。

嘲張乂

中分乂兩段，風使十橫斜。文上元無分，人前強出些〔1〕。

〔校注〕

〔1〕宋周密《齊東野語》卷一三：張乂，延平人。少負才，入太學有聲，為節性齋
長，既又為時中齋長。其人眇小而好作為，動以苛禮律諸生，同舍多不平之。
林叔弓亦輕浮之士也，於是以其名字作詩賦各一首嘲之。

林石澗

戲筆

　　碧雲芳草兩悠悠，望斷天涯此倚樓。莫遣閒愁似江海，潮生潮落幾時休。

龍　輔

龍輔，蘭陵守元度後，武康常陽妻，善屬文，家多異書，常擇其當意者，編為《女紅餘志》四十卷。今錄戲謔詩 2 首。

戲示女伴

誰道孤眠苦，孤眠卻自強。請看隔宿鬢，常是不勞妝。

蓮子詩比成自覺醜甚戲題此作以解發君一笑耳

書罷題鍾字，要君知妾心。雖然非白雪〔1〕，卻是重黃金。

〔校注〕

〔1〕白雪：喻指高雅的詩詞。唐羅隱《秋日有酬》詩：「腰間印佩黃金重，卷裏詩裁白雪高。」

卷三十九

《全宋詩輯補》7 冊～12 冊全宋詩未收錄作者輯錄

徐康

　　徐康，字敦濟，進士。《南澗甲乙稿》卷三《挽徐敦濟郎中詞二首》云：「南渡推人物，彝常有世家。州麾三上最，使節五分華。」見此人為南北宋之交官員，檢《建炎以來繫年要錄》等史籍多見徐康之名。今錄戲謔詩 1 句。

巧對人名對

　　侍郎侍御楫汝楫。（某人）

　　檢正檢詳同正同。（徐康）〔1〕

〔校注〕

〔1〕《梁溪漫志》卷九：紹興中馮侍郎楫、羅侍御汝楫在朝，或戲為語云云，時范檢正同、陳檢詳正同俱赤二府橼屬，徐敦濟續云云。

陳氏子

　　陳氏子，名不詳，秀州（治今浙江嘉興）人，當慶元前後在世。見《夷堅志》乙志卷一三。今錄戲謔詩 1 首。

諷盛肇食牛肉

萬物皆心化，唯牛最苦辛。君看橫死者，盡是食牛人！〔1〕

〔校注〕

〔1〕《夷堅志》乙志卷一三：秀州人盛肇，好食牛肉，陳氏子遣僕來約旦日會食，
　　　箋紙一幅內大書云云。肇懼，自此不食牛。

章良肱

章良肱，字宗卿，又字翼之，處州麗水（今屬浙江）人，淳熙十一年
（1184）進士，嘉定元年五月為著作佐郎，十一年除宗正少卿。見《南宋
館閣錄續錄》卷八。今錄戲謔詩 1 首。

嘲吳棣

吾弟，吾弟，眾皆在此說話，吾弟卻在此放屁。（《癸辛雜識》別集上。）
〔1〕

〔校注〕

〔1〕周密《癸辛雜識》別集卷上：「沈氏之屋，適有出售者，（章）宗卿首買之以居
　　　焉。宗卿滑稽善謔，與同舍聚話，吳棣調之曰：『鳥覆翼之。』翼之，宗卿字
　　　也。章若不聞他語，自若良久，忽語眾曰：『頃與眾人會語正洽，俄聞惡臭，
　　　罔知所自。時舍弟達之亦在焉，久乃覺其自達之也，退而誚之曰：『吾弟，吾
　　　弟，眾皆在此說話，吾弟卻在此放屁！』眾為一笑。」章宗卿以「吾弟」諧音
　　　「吳棣」，以隱語的形式說他的話是放屁。此則記事不僅可說明宋時口語已稱
　　　放屁為「放屁」，同時也用於罵人，駁斥他人胡說為放屁。

王中

王中，建陽（今屬福建）人，有才而輕薄。見《說郛》卷三一引南宋筆記
《談藪》。《全閩詩話》卷六引《笑史》王申事同，或即為王申。今錄戲謔詩 1
首。

戲鄉人連生女

　　數年生女心相邀，今席如何不見招？但願君家常弄瓦，弄來弄去弄成窯。（《說郛》卷三一引南宋筆記《談藪》：鄉人遊必舉連生二女，作湯餅，王必與席。至於三慚不招客，王贈詩云云。）[1]

〔校注〕

〔1〕王中，建陽人，有才而輕薄。鄉人游必舉連生二女，作湯餅，王必與席。至於三，慚不招客。王贈詩曰：「數年生女必相邀，今度如何不見招？但願君家常弄瓦，弄來弄去弄成窯。」

董鴻

　　董鴻，字儀父，寶祐五年（1257）以司戶參軍為淮東總領幕僚。見《佩韋齋輯聞》卷二。今錄戲謔詩 1 首。

奴戒譏淮東總領獻羨余

　　昔嗇兮今豐，昔窘步兮今從容。月之羨以百計，歲之羨以千計。吾其免乎屢空，信乎狡之為吾謀也忠。（《佩韋齋輯聞》卷二。）

史戇

　　史戇，董鴻僕人。今錄戲謔詩 1 首。

無題（和董鴻譏刺辭）

　　露零零兮沾衣，鶴翩翩兮夕饑。鶴饑兮何憾，傷子產之智兮，而受校人之欺。（《佩韋齋輯聞》卷二。）[1]

〔校注〕

〔1〕董鴻與戇史歌：佩韋齋輯聞逸文（據《至順鎮江志》卷二十）宋寶祐丁巳，總領徐桌獻羨餘錢三百萬，旨轉一官，依舊職。時董鴻儀父以司戶參軍入總幕。作奴戒譏之。其辭曰：「董子官於南徐。奉錢二百有三十券。貯以篋。百費取需焉。」率兼旬而盡。復閔閔焉。數日以待繼。有奴狡笑於旁曰：「使狡得職，是篋當不至乏絕，且有贏羨。」余甘其言也，使職之。已而默記其餅罄罍恥也。

呼狡問有餘。狡曰：「有。」余曰：「子非以吾之券貸於人。而取其倍稱之息歟？不然。則獲草中之蚨歟。」狡曰：「亡是也。狡能使郎有餘。足矣。奚以問為。」余喜而歌云云。一夕月明，步於庭，有歌於牆陰者云云。審而聽之，吾史戀也。余曰：「戀，爾何歌之悲也。」曰：「自郎之任是狡也。戀不得受子之傭矣。戀不足計也。以物售子者。不得受子之值矣。子之所識窮乏者。不得以時蒙子之澤矣。」余釁然曰：「茲狡之所謂有餘者哉。」詰朝。亟斥篋中券償之。其羞澀也如初。桌聞之。雖怒而愧。

吳澄

吳澄（1249～1333），字幼清，晚稱伯清，撫州崇仁（今屬江西）。咸淳六年領鄉薦，不第，退而纂次諸經，修正大小戴記，編舊作成《私錄》。今錄戲謔詩 3 首。

贈地理者（3477）

天下名山多被僧占，靖上人今以正法眼償行腳債，將又搜抉無遺。臨川山主為賦二十八字，還省海印，出參雪庭，共發一笑。

真龍正穴何人識，走遍閻浮無處覓〔1〕。現前只在眼睛中，笑倒如今容易得。

〔校注〕

〔1〕閻浮：亦稱「閻浮提」「南閻浮提」，為須彌山四方的四洲之一。即位於南方的南贍部洲，上面生長許多南贍部樹。「閻浮」即「贍部」，一種樹名。後泛指人間世界，此世。唐寒山《詩三百三首》之二百〇九：「不見朝垂露，日爍自消除。人身亦如此，閻浮是寄居。」

戲筆依韻奉答武當皮道士（二首）

十分光滿十分神，一度花開一度新。黑暗裏頭明不滅，冱寒時節暖先春。

又

光清花白雖然好，非月非梅更可人。處子嫦娥冰雪質，武當山外藐姑神〔1〕。

〔校注〕

〔1〕藐姑：傳說中的女神。《莊子・逍遙遊》：「藐姑射之山，有神人居焉，肌膚若
　　　冰雪，淖約若處子。」

俞琰

　　俞琰，字玉吾。號林屋山人，石澗道人。宋末元初平江府長洲（治今江
蘇蘇州）人。大約生於寶祐中，咸淳末應舉，入元隱林屋山，以研易著書自
娛，有《周易集說》《讀易舉要》《書齋夜話》《林屋山人漫稿》等。據《吳都
文粹續集》卷四五載楊炳《石澗先生小傳》云其卒年七十，則為元至治前後，
但其集中署時詩仍有此時以後者。或云死於元貞祐間。見《林屋山人漫稿》
《書齋夜話》卷四、《姑蘇志》卷五四等。楊鐮謂《林屋山人漫稿》偽作，見
其《元詩文獻辨偽》。按集中有《海膌》，原出《書齋夜話》卷四，云幼時作。
今錄戲謔詩 3 首。

張海軒索詩戲成二十字

　　詩成君莫問，問時須一笑。只在枯腸中，無鉤不可釣。

張梅軒以俞隱所畫十二溪真圖，索余跋，余酒酣走筆戲作一絕

　　彼美人兮曰溪真，我欲從之溪水濱。記得肩吾曾有語，連予卻是十
三人。

贈藥師王清曉

　　諧謔趨時技藝多，相逢常是笑顏酡。談笑曾作君平叟〔1〕，對酒今為
藍采和〔2〕。閒把星盤說生剋，又拈檀板唱囉囉。貞元舊曲無人聽，處
處好修來也歌。

〔校注〕

〔1〕君平叟：即嚴君平。原名莊遵，字君平，漢朝人。由於東漢班固編《漢書》時，
　　　要避漢明帝劉莊的諱，硬把「莊」字寫成「嚴」字，於是大家就稱他嚴君平了。
〔2〕藍采和：傳說中的八仙之一，常穿破藍衫，著一隻靴，手持拍板，乘醉而歌。

馬臻

馬臻（1254～1324 之後？），字志道，號虛中，錢塘（今浙江杭州）人。宋亡著道士服隱居西湖。曾參與嗣天師張與材的道教塵埃，但未受道秩。以詩詠書畫名世，閱歷廣泛，與諸遺老名流交往，據其《偶成》「老夫七十今逾一」詩句，卒年在元泰定元年（1324）之後。所著有《霞外詩集》十卷。見龔開、仇遠等《霞外詩集序》及《元詩選初集》小傳。今錄戲謔詩 12 首。

解嘲

與奪紛嘩事事虛，此身天地一籧廬〔1〕。避名只畏人心險，存道元非世法疏。甌裏塵生徒好客，床頭金盡謾耽書。秋聲又入窗前竹，除卻高眠總不如。

〔校注〕

〔1〕籧（qú）廬：籧，喂牛用的圓筐。《說文》：籧，飲牛筐也。方曰筐，圓曰籧。此指簡陋的房屋。

集句題山村圖二首

先生高興似樵漁〔1〕，更有何人在此居〔2〕。茅屋數間窗窈窕〔3〕，睡時山雨濕圖書〔4〕。

萬疊青山但一川〔5〕，一村桑柘一村煙〔6〕。隔林彷彿聞機杼〔7〕，猶記騎驢掠社錢〔8〕。

〔校注〕

〔1〕杜荀鶴《戲題王處士書齋》：「先生高興似樵漁，水鳥山猿一處居。」高興：高雅的興致。

〔2〕方干《贈華陰隱者》：「少微夜夜當仙掌，更有何人在此居。」

〔3〕王安石《漁家傲・春景》：「平岸小橋千嶂抱。揉藍一水縈花草。茅屋數間窗窈窕。」

〔4〕方干《寄江陵王少府》：「吟處落花藏筆硯，睡時斜雨濕圖書。」山雨，《全唐詩》作「斜雨」。

〔5〕吳融《過九成宮》：「升平舊事無人說，萬疊青山但一川。」但，《全唐詩》校：一作阻。

〔6〕韓偓《醉著》:「萬里清江萬里天,一村桑柘一村煙。」桑柘,《全唐詩》校:
一作花柳。

〔7〕宋釋道潛《東園》:「隔林彷彿聞機杼,知有人家在翠微。」

〔8〕金元好問《家山歸夢圖(三首)》其一:「春晴門巷桑榆綠,猶記騎驢掠社錢。」
掠社錢:古人以立春後第五個戊日祭祀土神,為春社,這天擊鼓撒錢,兒童搶
錢以為樂。

集句題張玉田畫水仙〔1〕

賞月吟風不要論〔2〕,曳裾何處覓王門〔3〕?誰人得似張公子〔4〕,粉
蝶如知合斷魂〔5〕。

〔校注〕

〔1〕張玉田:南宋著名詞人,詞評家張炎(1248～?),字叔夏,號玉田。原籍天
水,居於臨安(杭州)。宋亡,遊於江南一帶。

〔2〕宋釋圓觀《竹枝詞》:「三生石上舊精魂,賞月吟風不要論。」

〔3〕杜甫《追酬故高蜀州人日見寄》:「鼓瑟至今悲帝子,曳裾何處覓王門。」

〔4〕杜牧《登池州九峰樓寄張祜》詩中句。

〔5〕宋林逋《山園小梅》詩中句。

集句和陳渭叟見寄詩韻五首〔1〕

幾處酒旗山影下〔2〕,為君沽酒若為情〔3〕?平生不解藏人善〔4〕,一
夜船中語到明〔5〕。

寒食離家麥熟還〔6〕,不應空老道途間〔7〕。會須伐竹開荒徑〔8〕,剩
著溪南幾尺山〔9〕。

池邊月影間婆娑〔10〕,臥聽行雲一曲歌〔11〕。閒憶昔年為客處〔12〕,
囊中無物只詩多〔13〕。

湖水入籬山繞舍〔14〕,紅蕖全謝鏡心香〔15〕。當年不得盡一醉〔16〕,
沉李浮弶(瓜)冰雪涼〔17〕。

撼起流鶯晚吹寒〔18〕,懶眠沙草愛風湍〔19〕。身閒我欲頻來此〔20〕,
只有東溪把釣竿〔21〕。

(按:《御選元詩》卷八十一、顧嗣立編《元詩選》初集卷六十五選有此
組詩中一首和二首。馬臻其人其詩放在元代比較合適。)

〔校注〕

〔1〕陳渭叟：葛溪陳渭叟，元代高士，歲來杭城，名士爭與之交。著有《紫雲編》。元人葉森有詩《題陳渭叟〈紫雲編〉》。

〔2〕宋林逋《湖上初春偶作》：「幾處酒旗山影下，細風時已弄繁絃。」

〔3〕吳融《閬鄉寓居十首·聞提壺鳥》：「今在天涯別館裏，為君沽酒復何情。」若為，《全唐詩》作「復何」。

〔4〕唐楊敬之《贈項斯》：「平生不解藏人善，到處逢人說項斯。」

〔5〕張籍《同韓侍御南溪夜賞》：「忽聞新命須歸去，一夜船中語到明。」

〔6〕王建《江陵使至汝州》：「回看巴路在雲間，寒食離家麥熟還。」

〔7〕金元好問《東平送張聖與北行》：「海內文章在公等，不應空老道途間。」

〔8〕杜甫《中丞嚴公雨中垂寄見憶一絕奉答二絕》其二：「只須伐竹開荒徑，倚仗穿花聽馬嘶。」會須，《杜詩詳注》《全唐詩》等均作「只須」。

〔9〕韓偓《寄鄰莊道侶》：「夜來雪壓村前竹，剩見溪南幾尺山。」著，《韓偓詩全集》作「見」。

〔10〕皮日休《官池秋夕》：「池邊月影閒婆娑，池上醉來成短歌。」間，《皮日休集》《全唐詩》均作「閒」。

〔11〕許渾《聞州中有宴寄崔大夫兼簡邢群評事》：「甘心不及同年友，臥聽行雲一曲歌。」

〔12〕李建勳《春雨二首》其一：「閒憶昔年為客處，悶留山館阻行行。」

〔13〕金元好問《示懷祖》：「憔悴經年臥澗阿，囊中無物只詩多。」

〔14〕林逋《湖上隱居》：「湖水入籬山繞舍，隱居應與世相違。」

〔15〕唐劉兼《夢歸故園》二首其二：「白鷺獨飄山面雪，紅蕖全謝鏡心香。」

〔16〕羅隱《憶夏口》：「當年不得盡一醉，別夢有時還重遊。」

〔17〕李重元《憶王孫·夏詞》：「風蒲獵獵小池塘。過雨荷花滿院香。沉李浮瓜冰雪涼。」沉李浮瓜：古時夏日以盤盛冰，瓜果置其中，食以消暑。

〔18〕李中《和潯陽宰感舊絕句五首》其五：「就中吟戀垂楊下，撼起啼鶯晚吹寒。」流鶯，《全唐詩》作「啼鶯」。

〔19〕嚴武《戲題杜二錦江野亭》：「漫向江頭把釣竿，懶眠沙草愛風湍。」

〔20〕陸游《東湖新竹》：「官閒我欲頻來此，枕簟仍教到處隨。」

〔21〕金元好問《晨起》：「掣鯨莫倚平生手，只有東溪把釣竿。」

集句遣懷三首

懶慢無堪不出邨〔1〕，當年心事與誰論〔2〕。如今老去愁無限〔3〕，雨打梨花深閉門〔4〕。

紅塵無處不喧嘩〔5〕，江上無人轉憶家〔6〕。寒食清明都過了〔7〕，夜來風雨送梨花〔8〕。

且盡芳樽戀物華〔9〕，猩猩血染半園花〔10〕。東君自是人間客〔11〕，看到子孫能幾家〔12〕。

〔校注〕

〔1〕杜甫《絕句漫興九首》其六：「懶慢無堪不出村，呼兒日在掩柴門。」

〔2〕宋陳與義《題畫》：「萬里家山無路入，十年心事與誰論。」當年，《陳與義集》作「十年」。

〔3〕羅鄴《鏡》：「如今老去愁無限，抱向閒窗卻怕明。」

〔4〕宋秦觀《憶王孫》：「欲黃昏，雨打梨花深閉門。」

〔5〕不詳。

〔6〕戎昱《湖南春日》詩：「自憐春日客長沙，江上無人轉憶家。」

〔7〕宋黃機《臨江仙》：「寒食清明都過了，客中無計留春。」

〔8〕溫庭筠《鄠杜郊居》：「寂寞遊人寒食後，夜來風雨送梨花。」

〔9〕杜甫《曲江陪鄭南史飲》：「自知白髮非春事，且盡芳樽戀物華。」

〔10〕方干《孫氏林亭》：「瑟瑟林排全巷竹，猩猩血染半園花。」

〔11〕宋毛开《賀新郎》：「東君自是人間客，暫時來，匆匆卻去，為誰留得。」

〔12〕羅鄴《牡丹》：「買栽池館恐無地，看到子孫能幾家。」

鄧林

鄧林，字性之，號謙谷，臨川（今江西撫州）人，寶祐四年（1256）進士。見《浩然齋雅談》卷中、雍正《江西通志》卷五一。今錄戲謔詩 1 首。

扶乩詩

隔溪雲薄雨飄瀟，欲採荷花不見橋。釵卜無憑芳信杳，酸風空度鳳臺簫。〔1〕

〔校注〕

〔1〕《浩然齋雅談》卷中：鄧林嘗客孟氏塾，戲降紫姑得詩云云。

余德鄰

余德鄰，字宗文，永嘉（今浙江溫州）人，與聶守真同時。見《山房隨筆》。今錄戲謔詩 1 聯。

嘲聶碧窗〔1〕

可憐道士碧，不識地仙丹。〔2〕

〔校注〕

〔1〕聶碧窗：《南村輟耕錄》之「聶碧窗詩」條云：京口天慶觀主聶碧窗，江西人，嘗為龍翔宮書記。國初時，詔赦至，感而有詩曰：「乾坤殺氣正沉沉，又聽燕臺降德音。萬口盡傳新詔好，累朝誰念舊恩深。分茅列土將軍志，問舍求田父老心。麗正立班猶昨日，小臣無語淚沾襟。」又哀被虜婦云：「當年結髮在深閨，豈料人生有別離。到底不知因色誤，馬前猶自買胭脂。」又詠胡婦云：「雙柳垂鬟別樣梳，醉來馬上倩人扶。江南有眼何曾見，爭卷珠簾看固姑。」

〔2〕《山房隨筆》：余德鄰與聶碧窗奕棋屢北，有賣地仙丹者，國手也，余呼之至，紿聶云：「某有僕能棋，欲試數著不敢。」聶俾對枰，連敗數局。余自內以片紙書十字云云，聶大笑曰：「吾固疑其不凡。」

鄧元觀

鄧元觀（1251～？）原名文龍，臨川（今江西撫州）人，八歲應南康試，咸淳元年（1256）年十五領鄉薦登第。見《山房隨筆》、雍正《江西通志》卷五一。今錄戲謔詩 1 首 1 聯 1 句。

童子試席上賦君子竹

瀟湘子猷宅，平將風月分。兩軒渾似我，一日可無君？

應童子試席上戲嘲

先生衩衣，學生落託。[1]

〔校注〕

〔1〕席上知州方岳及諸公祇服褙子，文龍以綠袍居座末，坐定供茶，文龍故以託子
墮地，諸公戲以失禮，文龍云云。

對知州方巨山戲語 [1]

頭白形烏似老鴉。（酒酣巨山戲曰：「口紅衣綠如鸚鵡。」文龍應云云。《山
房隨筆》）[2]

〔校注〕

〔1〕方岳（1199～1262）　　南宋詞人。字巨山，自號秋崖。祁門（今屬安徽）人。
紹定五年（1232）進士。累官至吏部侍郎，歷知饒，撫、袁三州，加朝散大夫。
著有《秋崖先生小稿》。

〔2〕元蔣正子撰《山房隨筆》：南康建昌縣有神童山，每大比試童子至百人，七取
其一。有鄧文龍年八歲穎出諸童子。右方岳巨山守南康欲祝為子，父謂之曰：
「汝予所鍾愛，太守固欲祝汝，將若何？」文龍曰：「第許之。」巨山一日招
諸名士如馮紫山、深居兄弟者，而鄧父子與焉。席上太守及諸公祇服褙子，文
龍以綠袍居座末，坐定供茶，文龍故以託子墮地，諸公戲以失禮，文龍曰：「先
生衩衣，學生落託。」眾為一笑。酒酣巨山戲曰：「口紅衣綠如鸚鵡。」文龍
應曰：「頭白形烏似老鴉。」又令賦君子竹，即詠曰：「瀟湘子猷宅，平將風月
分。兩軒渾似我，一日可無君？」眾異之。後易名元觀，年十五領鄉薦登上第。

釋照

釋照，署照律師，熙寧間住錢塘某寺。見《釋門正統》卷五。今錄戲謔詩
1 首。

嘲淨覺可久 [1]

拗折床頭舊杖黎，任教桃李自成蹊。如何昔日廬山遠，卻為黃冠一
過溪 [2]。（《釋門正統》卷五。）

〔校注〕

〔1〕淨覺可久：宋代僧人。俗姓錢，字佚老，又字逸老。錢塘（今浙江杭州）人。北宋天聖（1023～1031）初，推恩得度，師淨覺大師習禪法，又學教觀於仁岳大師，無出世之志，喜為古律等。居西湖祥符寺，蕭然一室，杜門養淨，送客有界，從不逾越。清介自守。蘇軾守錢塘時，常與之往來，元夕觀燈，曾至其室，以「詩老」稱之。寂時 80 歲。

〔2〕黃冠：道士的別稱。黃冠原為黃帝的衣冠，道教以黃帝為宗，故稱。

釋祖元

釋祖元（1226～1286），字子元，號無學，鄞縣（今屬浙江）許氏子，年十三遭父憂，遂祝髮淨慈，事北澗居簡禪師為弟子，明年入徑山禮無準師範，後大悟，為其法嗣。曾遍參諸方，住名剎，宋亡東渡日本，入主建長寺，又創圓覺寺，為第一祖。七年後圓寂日本，敕諡佛光圓滿常照國師。有語錄十卷。見《佛光國師語錄》卷九、十諸行狀、碑銘。今錄戲謔詩 4 首。

太守惠新紙試筆戲呈

雪繭初來試棗心，冰光一片出波深。因思十里山陰路，萬杵秋風落夜砧。

戲題萬年松為徒弟鏡子書

石上龍菘思不禁，津津引我百生吟。兒童不計何年有，競惜窗前一寸陰。

戲和藥翁梅詩

古殿苔梅弄曉光，素妝寂寞對紅妝。日斜照見高低影，風到誰分兩樣香？

戲引筆一偈為理公遮壁云

相見又相別，默默無可道。猶如冰涵空，處處自恰好。他年逢知識，莫罵我落草。

無名氏

今錄戲謔詩 4 首 2 聯 1 句。

嘲王隨〔1〕

誰謂調元地，翻成養病坊。但見僧盈室，寧憂火掩房？〔2〕

〔校注〕

〔1〕王隨（973～1039）：字子正，河南（今河南洛陽）人。進士甲科及第。他一生中，曾在陝西、河南、淮南、揚州、鎮江等地任職，也曾任江寧知府。明道二年（1033），為參知政事。景祐四年（1037），拜相。王隨喜吟詠，刻意於詩，頗見錘鍊之功。著有《王隨集》二十卷，今不存。

〔2〕宋阮閲撰《詩話總龜》卷三十六：王文惠相府中病，尤好釋氏，時有人作詩云云。宋江休復撰《嘉祐雜誌》：王隨作相病已甚，好釋氏，時有獻嘲者云云。在杭州常對一聾長老誦己所作偈，僧既聵，離席引首，幾入其懷，實無所聞，翻歡賞之，以為知音之妙，施正呂說此。《宋詩紀事》卷九六此詩《江鄰幾雜誌》：王隨作相病已甚，好釋氏，時有獻嘲者云。

景祐中添張祜詩

天章故國三千里，學士深宮二十年。殿院一聲河滿子，龍圖雙淚落君前。〔1〕

> 又

仲昌故國三千里，宗道深宮二十年。殿院一聲河滿子，龍圖雙淚落君前。〔2〕

〔校注〕

〔1〕《涑水紀聞》：景祐四年，鎖廳人最盛，開封府投牒者至數百人，國子監及諸州者不在焉。是時，陳堯佐為宰相，韓億為樞密副使，既而解榜出，堯佐子博古為解元，億子孫四人皆無落者，眾作《河滿子》以嘲之。先是天章閣待制范仲淹坐言，事左遷饒州；王官待制王宗道因奏事自陳為王府，官二十年不遷，詔改龍圖閣學士，權三司使。王博文言於上曰：臣老且死不復得望兩府之門，因涕下。上憐之，數日，遂為樞密副使。當時輕薄者取張祜詩，益其文以嘲之。

〔2〕《東齊紀事》卷三：景祐中，有輕薄子以古人二十字詩益成二十八字嘲謔云。龍圖者，王博文也，嘗更大藩，鎮開封知府，三司使任使。一日對上（京板有前字），因敘揚歷之久，不覺淚下。殿院者，蕭定基也，為殿中侍御史，與韓魏公、吳春卿、王君貺同發解。開封府舉人作《何滿子》曲嘲之，因奏事，上問之，令誦一過。宗道者，王宗道也，為諸宮教授及講書凡二十餘年，輒於上前自訴在宗藩二十餘年，求進用。仲昌者，章郇公之從子，論科場不公，郇公奏聞，牒歸建州。當時人以為雖用古人詩句，而切中一時之事，盛傳以為笑樂。

俗諺對王丞相

投老欲依僧。（王丞相。）

急則抱佛腳。（客。）〔1〕

〔校注〕

〔1〕《中山詩話》：王丞相嗜諧謔，一日論沙門道因云云，客遽對云云。王丞相當為王安石。王曰「『投老欲依僧』是古詩一句。」客亦曰「『急則抱佛腳』是俗諺全語。」上去投下去，腳豈不的對也。王大笑。

改歐陽修寄常秩詩作常秩寄歐公詩

笑殺汝陰歐少保，新來處士聽朝雞。

又

昔日潁陰常處士，卻來馬上聽朝雞。〔1〕

〔校注〕

〔1〕宋彭乘撰《墨客揮犀》卷七：少保歐陽公永叔在政府將求引去，先一詩寄潁陰隱士常秩，其略曰：笑殺汝陰常處士，十年騎馬聽朝雞。及公致仕還潁，有詩贈秩曰：賴有東鄰常處士，披蓑戴笠伴春鋤。既而王丞相介甫秉政，遂以右正言直史館召秩，而秩遂起，先是歐公既致政，凡有賓客上謁，率以道服華陽巾便坐延見，至是秩授官來謝，公乃披衣束帶正寢見之。明年秩拜侍講判國子監，尋有無名子改前詩作秩寄歐公詩曰：笑殺汝陰歐少保，新來處士聽朝雞。又曰：昔日潁陰常處士，卻來馬上聽朝雞。

贈吳伯虎（同上）

眾人皆有鼻，公鼻最堪論。涕出應難興（去聲），香來卻易聞。
雖然無壽相，知是有山根。見說登科日，欣然動至尊。[1]

〔校注〕

〔1〕《續墨客揮犀》卷六：吳伯虎狀甚醜，鼻有孔而無準，元豐中登第，上見之亦
　　為之笑。有人贈詩云云。

某學士

嘲陳摶

底事先生詔不出，若還出世沒般人。[1]

〔校注〕

〔1〕《青瑣高議》前集卷八《希夷先生傳》。

無名氏

嘲杭守方楷幕客

綠水紅蓮客，青衫白髮精。過廳無一事，咳嗽兩三聲。[1]

〔校注〕

〔1〕《臨漢隱居詩話》：慶曆方楷守杭，幕客年皆七十，其間又有經生，於政無補，
　　人嘲之云云。

東城野老

溫泉歌

畢沸滂沱，奮此泉兮被山阿。吾誰灌沐兮，不知其他。（《淮海集》卷
一《湯泉歌》）[1]

〔校注〕

〔1〕宋秦觀《淮海集》卷一《湯泉賦》:「大江之濱,東城之野,有泉出焉。……野
老告余曰:泓泓涓涓,莫虞歲年;不火而燠,其名湯泉。……(野老)曳杖而
去,行歌於塗曰:『渾沸滂沱,奮此泉兮,被彼山阿。吾唯灌沐兮,不知其他。』」
清杜文瀾《古謠諺》卷九八作:「畢沸滂沱,奮此泉兮被山阿。吾惟灌沐兮,
不知其他。」

無名氏

獻文彥博祝壽詩

綽約肌膚如處子。〔1〕

〔校注〕

〔1〕《明道雜志》:蓋用莊子姑射仙人事也。洛人笑之曰:「願爾得婦色如此。」潞
公色黔也。

無名氏

集句嘲杭州年老中榜者

應是窮通自有時,人生七十古來稀。如今始覺為儒貴,不著荷衣便
著緋。〔1〕

〔校注〕

〔1〕《後山詩話》:杭之舉子中老榜第,其子以緋裹之,客賀之云云。

無名氏

集句嘲壽州老娶少婦

偎他門戶傍他牆,年去年來來去忙。採得百花成蜜後,為他人作嫁
衣裳。〔1〕

〔校注〕

〔1〕《後山詩話》：壽之醫者老娶少婦，或嘲之云云。　　以上兩首無名氏集句詩見
　　《宋代集句詩校注》第 4 頁。

無名氏

詠蠅刺徐州學官

　　衣服有時遭點染，杯盤無日不追隨。〔1〕

〔校注〕

〔1〕《後山詩話》：熙寧初外學置官師，職簡地親，多在幕席。徐有學官喜謔語，同
　　府苦之，刺之云云。

無名氏

嘲王安石

　　訓釋詩書日月明，紛紛法令下朝廷。不知心本緣何事，苦勸君王用
肉刑。

　　每愧先生道絕倫，古來歸美是忠臣。門人李漢真堪罪，何用垂編示
後人？〔1〕

〔校注〕

〔1〕《侯鯖錄》卷三：介甫熙寧初首被選擢，得君之專前古未有。罷政歸金陵，作
　　《日錄》七十卷，前朝舊德大臣及當時名士不附己者詆毀至無一完人者，其間
　　論法度有不便於民者皆歸於上，可以垂耀於後世者悉已有之。故建中靖國之
　　初，諫官陳瓘極力論其婿蔡卞之惡，曰：安石臨終戒其家焚之，悔其作也，卞
　　留之至紹聖間作。尚書右丞盡編之裕陵國史中，遂行之。瓘所謂遵私史而壓宗
　　局是也，士大夫忠憤者有詩云云。

無名氏

改晉公平淮西詩譏童貫〔1〕

　　長樂坡頭十萬戈，碧油幢下一婆婆〔2〕。今朝始覺為奴貴，夜聽元戎報也囉〔3〕。

〔校注〕

〔1〕晉公：宋太宗趙光義，封為晉王。公元976年，曹翰破江州。晉公《平淮西詩》不見於宋太宗詩集，疑已佚。

〔2〕碧油幢：指青綠色的軍帳。張仲素《塞下曲》：「獵馬千行雁幾雙，燕然山下碧油幢。」

〔3〕也囉：語助詞。　　張知甫《張氏可書》：童貫以燕山功遂封同安郡王，有改晉公平淮西詩以譏曰云云。

無名氏

嘲監司和少陵韻

　　想君吟詠揮毫日，四顧無人膽似天。〔1〕

〔校注〕

〔1〕《竹坡詩話》：夔峽道中昔有杜少陵題詩一首，自唐至今無敢作詩者。有一監司過而見之，輒和少陵韻，大書其側。後有人嘲之云云。

無名氏

歎張文景

　　驚天動地張文景，只得南宮第四人！〔1〕

〔校注〕

〔1〕《詩話總龜》前集卷二七引《續歸田錄》：咸平元年放進士榜，時張文景以古文馳名，第四人登第，不厭所望。有詩云云。

無名氏

戲京師人語訛

大夫何當斧，承制豈當池？〔1〕

〔校注〕

〔1〕《詩話總龜》前集卷三一引《王直方詩話》：京師人呼大夫為大斧，呼承制為承池。蓋語訛也，有人戲為句云。

無名氏

改王禹偁升平詞嘲景祐推恩先朝免解人

舊人相見問行年，便說真宗更以前。但看綠袍包裹了，這回冷笑入黃泉。〔1〕

〔校注〕

〔1〕《詩話總龜》前集卷三七引《倦遊錄》：景祐元年（1034）九月二日，詔先朝免解者，候將來省試，與特奏名。時有無名子，改王元之升平詞以嘲云云。雖為「談諧戲謔」之言，但卻反映了宋朝士人的心態。

天禧士子

嘲廖復求薦失利

細思堪恨廖賢良，論中科名屬景陽〔1〕。啼得血流無用處，為他人作嫁衣裳。〔2〕

〔校注〕

〔1〕景陽：即凌景陽，淳化中鎮國軍節度使。

〔2〕《詩話總龜》前集卷三八引《續歸田錄》：閩人廖復，天禧二年求薦，天府下，撾鼓訟之，覆考再收，省試又下。湖人凌景陽因復訟之，亦再收高第，遂登科。士子作詩嘲復云云。

無名氏

嘲主司試題紕繆

　　武成廟裏沽良玉，夫子門前買簸箕。唯有主司章得象[1]，往來寒暑未曾知。[2]

〔校注〕

〔1〕章得象（978～1048）：字希信，世居泉州，真宗成平五年（1002）進士，知邵武軍歸化縣，歷南雄州，徙洪州。寶元元年（1038），拜同中書門下平章事。慶曆七年（1047），封郇國公，守司空致仕。諡「文憲」，皇祐中改諡「文簡」。

〔2〕《詩話總龜》前集卷三八：章郇公性簡靜，嘗為開封府試官，出《人為天地心賦》。舉子曰：「先朝曾試。」遽別出一題曰《教猶寒暑既非致思》，舉子又上請：「此題出《樂記》，教乃樂教也。上在諒陰而用樂事，恐非便。」方紛紛不已，無名子作詩嘲云云。時南廟試《良玉不琢》，國學試《良弓之子必學為箕賦》。

無名氏

嘲好道太尉田重進[1]

　　或作黃金或作銀，熱人好幸搏尖新。一朝任惑田重進，半夜扳迎呂洞賓。呆漢出門特引領，黠兒得路已潛身。雖稱兩個無良漢，笑殺長安萬萬人。[2]

〔校注〕

〔1〕田重進（929～997）：五代宋初幽州（治今北京）人。形質奇偉，有武力。周顯德中，應募為卒，隸趙匡胤麾下。入宋，遷御馬直軍使，積功至澶州刺史。太宗即位，累擢為靜難軍節度使。雍熙北伐，為中路軍統帥，連克飛狐、靈州、蔚州等城，擒契丹驍將大鵬翼。後歷任定州駐泊兵馬都部署、真定尹、京兆尹、知延州等職，死於永興軍節度使任上。

〔2〕《詩話總龜》前集卷三八《洛陽舊聞》，云太尉田重進晚年好道術，喜黃老，一揀停兵士引道士為同志，冒稱呂洞賓，騙得其囊篋盡淨，無名人獻詩云云。

無名氏

續張唐卿登科句嘲之

君看姚曄並梁固〔1〕，不得朝官未可知。〔2〕

〔校注〕

〔1〕姚曄，生卒年不詳，陳州商水（今河南商水）人。北宋大中祥符元年（1008）戊申科狀元。姚家本為曹南（今山東南部）大戶，其祖戶任陳州商水（今河南商水）令時，移居於此。梁固（987～1019），字仲堅。梁顥長子，鄆州須城（治今山東東平）人。年十三，著《漢春秋》。景德初，以其父遺恩，賜進士出身。景德四年（1007），詣登聞院，謝辭前命，願赴鄉舉，詔許之。大中祥符二年（1009），中服勤詞學、經明行修科，授將作監丞、通判密州。歷任直史館、戶部判官，官終朝奉郎、判三司戶部勾院。

〔2〕《詩話總龜》前集卷三九《筆談》：張唐卿進士第一人及第，期集於興國寺，題壁云：「一舉首登龍虎榜，十年身到鳳凰池。」有人續其下云云，後果終於京官。

下第進士

嘲狀元葉祖洽

著甚來由去賞春，也應有意惜芳辰。馬蹄莫踏亂花碎，留與愁人作醉茵。〔1〕

〔校注〕

〔1〕《詩話總龜》前集卷四十（《四庫全書》本卷三十八）引《倦遊雜錄》：京師優人以雜細物數十種布於地，使人暗記物色，然後遣沐猴認之。每沐猴得之，優人即曰：「道著也馬留。」「留」蓋優人呼沐猴之名。熙寧庚戌春，市井之人見舉子往往亦以馬留目之。其年狀元葉祖洽赴宴於池上，有下第進士寄詩云云，細而繹之，乃是「著也馬留」四字，蓋四句各取上一字。

無名氏

嘲三班奉職月俸

三班奉職實堪悲，卑賤孤寒即可知。七百料錢泊甚使，半觔（斤的異體）羊肉幾時肥？〔1〕

〔校注〕

〔1〕《詩話總龜》前集卷四十（《四庫全書》本卷三十八）引《古今詩話》：唐制三班奉職月俸七百駉券，羊肉半觔（斤）。祥符中，有人題於駉舍云云。朝廷聞之，謂如此責廉，遂議增俸。

無名氏

時人為趙叔平李君錫語〔1〕

梁苑叔平無比店，洛中君錫有巴樓。〔2〕

〔校注〕

〔1〕趙叔平：天聖年進士。正心克己，樂善好施。李君錫：李中師。《宋史》卷三三一本傳：「中師字君錫，開封人。舉進士，陳執中薦為集賢校理、提點開封府界。境多盜，中師立賞格，督吏分捕，盡得之。進秩，辭不受，乃擢度支判官，為淮南轉運使。兩浙饑，移淮粟振贍，僚屬議勿與，中師曰：『朝廷視民，淮、浙等爾。』卒與之。徙河東，人為度支副使，拜天章閣待制、陝西都轉運使，知澶州、河南府。召權三司使、龍圖閣直學士，復為河南。」

〔2〕《詩話總龜》前集卷四十（《四庫全書》本卷三十八）引《倦遊錄》：趙叔平宅在舊東京里，後致政歸睢陽，舊第更以為客邸，而材植雄壯，非他可比，時謂之無比店。李君錫保釐西京時，馳馬市中，有人新構酒樓，李乘馬過其下，悅其壯麗，忽大言曰：「有巴。」時人對曰云云。

無名氏

嘲黃通老而應舉

　　剩員呈武藝，老妓舞柘枝。〔1〕

〔校注〕

〔1〕《詩話總龜》前集卷四一：閩人黃通累舉不第，後該恩歷官數任，年六十猶欲
　　　鎖廳，或嘲之云云。

某郡樂人

大排口號

　　為報吏民須慶賀，災星退去福星來。〔1〕

〔校注〕

〔1〕《類說》卷四九引《籍川笑林》：有太守初視事，三日大排，樂人口號云：為報
　　　吏民須慶賀，災星退去福星來。太守喜問誰所撰，對曰：「本州自來舊例。」
　　　《湘山野錄》卷上載，謂眉州事。

無名氏

題畫扇小兒迷藏

　　誰剪輕紈織巧絲，春深庭院作兒嬉。路郎有意嘲輕脫，只有迷藏不
入詩。〔1〕

〔校注〕

〔1〕《過庭錄》：無名子從學魯直，未幾文大進，嘗題扇上畫小兒迷藏詩云云，蓋路
　　　德延小兒詩不及迷藏也。

輕薄子

繼陳桷題所居

神仙多是大羅客，我比大羅超一格。（陳）行滿三千我四千，功成八百我九百。[1]

〔校注〕

〔1〕《庚溪詩話》卷下：陳桷待制紹興中，嘗從諸大將為謀議官，頗好修養之方，且自以為得道，嘗題其所居云云，有輕薄續其後云。

某知州

祈雨龍潭得小雨因作一絕

祈雨精誠尚未通，浮雲開合有無中。龍潭恐我羞歸去，略灑些些表不空。[1]

〔校注〕

〔1〕《庚溪詩話》卷下：舊傳有太守因旱祈雨於龍潭，得小雨而未甚應，因作一絕云云。因寫投此詩潭中，繼即大雨隨足。

好事者

嘲蔡京

兩行珠淚下，三個鳳毛災。[1]

〔校注〕

〔1〕《高齋漫錄》：蔡京崇寧中以星文罷相般出觀音院待罪，客有過之者，京泣曰：「京若負國，即教三子都沒前程。」好事者戲云。

河朔生

與洛陽生同飲賦詩

昔年曾向洛陽東，年年只是看花紅。今年不見花枝面，花在舊時紅處紅。[1]

〔校注〕

〔1〕《類說》卷五五引《文酒清話》之「二書生賦詩」：河朔書生與洛陽書生同飲賦詩，河朔生、洛陽生云云。

洛陽生

與河朔生同飲賦詩

昔年曾向北京北，年年只是看蘿蔔。今年不見蘿蔔面，蘿在舊時卜處卜。

某郡丞

與妓席上對屬

時熱不須湯盞湯。（郡臣）廳涼無用扇車扇。（妓）[1]

〔校注〕

〔1〕《類說》卷五五引《文酒清話》「對屬」云云。

無名氏

詩

手把寒梅撼雪英，婆娑漸見綠陰成。隔窗昨夜蕭蕭雨，已有秋風落葉聲。[1]

〔校注〕

〔1〕《類說》卷五七引《王直方詩話》謂歐公云此詩備四時景。

無名氏

富貴語

　　脛脈化成紅玳瑁，眼睛變作碧琉璃。〔1〕

〔校注〕

〔1〕《類說》卷五七引《王直方詩話》「至寶丹」：王禹玉詩號至寶丹，以多使珍寶，如黃金必以白玉為對，有人強作富貴語云云。晏叔原小詞云：舞低楊柳樓心月，歌盡桃花扇底風。晁无咎云：能作此語，定知不住三家村也。

無名氏

　　表德皆連甫，花書盡帶圈。〔1〕

〔校注〕

〔1〕《類說》卷五七引《王直方詩話》「表德皆連甫」：熙寧初，荊公用事，一時字多以甫，押多以圈。時語云云。

無名氏

　　人情似紙番番薄，世事如棋局局新。

　　飽諳世事慵開眼，會盡人情只點頭。〔1〕

　　薄有田園歸去好，苦無官況莫來休。〔2〕

　　重碧杯中天更大，軟紅塵裏夢初收。（賀人休官）

　　當初只為將勤補，到底翻為弄巧成。（嘲巧宦而事反拙者）〔3〕

〔校注〕

〔1〕釋鼎需《自贊》「飽諳世事慵開口，暗展雙眉自點頭。」與此似，不知出處先後。

〔2〕此聯未錄入無名氏，為陸子履（經）詩。

〔3〕《誠齋詩話》：士大夫間有口傳一兩聯可喜而莫知所本者，如「人情似紙番番薄，世事如棋局局新。」又「飽諳世事慵開眼，會盡人情只點頭。」又「薄有田園歸去好，苦無官況莫來休。」又賀人休官「重碧杯中天更大，軟紅塵裏夢初收。」

竟不知何人詩也。又有嘲巧宦而事反拙者：「當初只為將勤補，到底翻為弄巧成。」此尤可笑。

輕薄子

添字嘲米芾題衛公塔

神護衛公爺塔颯，天留米老娘庵糟。[1]

〔校注〕

〔1〕《誠齋詩話》「潤州火」：盡室廬惟存李衛公塔，米元章庵，元章《喜題塔》云：「神護衛公塔，天留米老庵。」有輕薄子於「塔、庵」二字上添注「爺、娘」二字，元章見之大罵，輕薄子再於「塔、庵」二字下添注「颯、糟」二字，蓋元章母嘗乳哺宮中故云。「糟」字本出《漢書·霍去病傳》云：「糜皋蘭山下。」注云：「今謂糜爛為糜糟。」輕薄子用糟字黏庵字，蓋今人讀糜為庵，讀糟為子甘切，添注遂成七言兩句云：「神護衛公爺塔颯，天留米老娘庵糟。」　明徐伯齡撰《蟬精雋》卷九「米老庵」：呂居仁《軒渠錄》云：米元章居鎮江，嘗於甘露寺榜其所寓曰「米老庵」。後大火，惟李衛公塔及米老庵獨存，元章作詩云：「神護衛公塔，天留米老庵。」有戲之者各添兩字云：「神護李衛公塔颯，天留米老娘醃臢。」蓋元章母入內為收生婆也，元章以母故命官云。

溫人某

嘲林靈素

撚土為香事有因，如今宜假不宜真。三朝宰相張天覺，四海閒人呂洞賓。[1]

〔校注〕

〔1〕《獨醒雜志》卷五：林靈素以方士得幸徽廟，跨一青牛出入禁衛，號曰「金門羽客」。一日有客來謁，門者難之，客曰：「予溫人第入報。」靈素與鄉人厚，即延見焉，客入，靈素問曰：「見我何為？」客曰：「有小術願試之。」即撚土炷爐中，且求杯水噀案上，覆之以杯，忽報車駕來幸道院，靈素倉皇出迎，不

及辭別而其人去，上至院中聞香，鬱然異之，問靈素「何香？」對曰：「素所焚香。」上命取香再焚，殊不類，屢易之而益非，上疑之，究詰頗力，靈素不能隱，遂以實對，且言噀水覆杯事。上命取杯來，牢不可舉，靈素自往取愈牢，上親往取之，應手而舉，仍得片垢，垢間有詩云云。靈素自是眷衰，未幾放歸溫州而死。

無名氏

壽昌道中題壁

漁翁何事亦從戎，變化神奇抵掌中。莫道直鉤無所取，渭川一釣得三公。〔1〕

〔校注〕

〔1〕《韻語陽秋》卷八：西伯將出獵，卜之曰：「所獲非龍非彲非虎非羆，所獲霸王之輔。」於是果遇太公於渭之陽，載與俱歸，此司馬遷之說也。文王至磻溪見呂尚釣，釣得玉璜刻曰：「姬受命呂佐，時德合於今昌來提。」此《尚書大傳》之說也。太公釣於滋泉，文王得而王。此呂不韋之說也。呂望年七十釣於渭渚，初下得鮒，次得鯉，刳腹得書，書文曰：呂望封於齊。此劉向之說也。太公避紂居東海之濱，聞文王作興曰：盍歸乎來。由文王至於孔子，五百有餘歲，若太公望則見而知之，此孟子之說也。是數說者，皆言天產英輔以興周，蓋非碌碌佐命者之可擬也。而司馬遷乃摭或者之論，謂西伯拘羑里，散宜生閎夭，招呂尚求美女奇物獻於紂而贖西伯，西伯既脫，三人有陰謀修德以傾商政，此豈所以待太公哉。歐陽詹云：論兵去商虐，講德興周道。屠沽未遇時，何異斯州老。余比赴官宜春於壽昌道中見壁間題一詩云：「漁翁何事亦從戎，變化神奇抵掌中。莫道直鉤無所取，渭川一釣得三公。」一以為傾商政，一以為釣三公，皆非知聖賢者。

無名氏

藥名詩

日仄柏陰斜。側身直上天門東。〔1〕

〔校注〕

〔1〕天門東：天門冬，多年生長綠半蔓生草本。　　《苕溪漁隱叢話》前集卷二七
引《漫叟詩話》。

無名氏

嘲丞相王珪

太師因被子孫煎，身後無名只有錢。喏喏侫翻王介甫，奇奇歆殺宋
昭宣〔1〕。嘗言井口難為戲，獨坐中書不計年。東府自來無土地，便應
正授不須權。〔2〕

〔校注〕

〔1〕宋昭宣：即宋用臣，字正卿，開封人。見《宋史》卷四六七本傳。

〔2〕《苕溪漁隱叢話》前集卷二八引《王直方詩話》云王禹玉既亡，無名氏作詩嘲
之。或云張山人作。據《堅瓠集》，王禹玉丞相既亡，有人作詩嘲之云云。其
家人向官府指控，說詩是張山人所作。府尹追張至，張曰：「某自來只作十六、
十七字詩。七言律某吟不得。」府尹笑而遣之。

無名氏〔1〕

嘲呂惠卿邵篪

說法馬留為察訪，湊氣獅子作知州。〔2〕

〔校注〕

〔1〕此無名氏應為「王景亮」。李昌齡《樂善錄》：「王景亮與鄰里仕族浮薄子數人，
結為一社，純事嘲誚，士大夫無問賢否，一經諸人之目，無有不被不雅之名者。
嘗號其里為『豬嘴關』。元祐間，呂惠卿察訪京東。呂天姿清瘦，每說話，輒
以雙手指畫，社人目為『說法馬留』；時邵篪以上殿洩氣，出知東平，邵高鼻
圈鬐髯，社人目為『洩氣師子』。王景亮又從而湊為七字對，曰：『說法馬留為
察訪，洩氣師子作知州。』惠卿大銜之，因諷部使者發以他事，舉社皆為齏粉
矣。」宋蔡條《鐵圍山叢談》卷三：「熙寧間，東平有名士王景亮者，喜名貌

人，後反為人號作『豬嘴關』，世謂『鄆有豬嘴關』由此始。繼有不肖者，乃更從而和之，日久為人號豬嘴關大使（案：此句似當云又為人號曰豬嘴關大使）。亦各有僚吏之目。呂升卿者，形貌短劣，談論好舉臂指畫，奉使過東平，遂被目為『說法馬留』。厥後相去將三十餘年，王大粹靚以給事中出守東平，乃被目為『香根圓者』，蓋謂不能害人，且不治病也。凡輕薄類此。昔魯公以元祐時亦帥鄆，到郡大會賓客，把酒當廣坐，謂之曰：『聞公號豬嘴關，凡人物皆有所雌黃。某下車來未幾，然敢問其目？』其人曰：『已得之矣。』眾皆為悚，公喜且笑而逼之，則曰『相公璞』也。」魯公指蔡絛父蔡京，曾封魯國公。胡仔《苕溪漁隱叢話》前集卷五五：「《桐江詩話》云：元祐間，東平王景亮，與諸仕族無成子，結為一社，純事嘲誚，士大夫無間賢愚，一經諸人之目，即被不雅之名，當時人號曰『豬嘴關』。呂惠卿察訪京東，呂天資清瘦，語話之際，喜以雙手指畫。社人目之曰『說法馬留』。又湊為七字曰：『說法馬留為察訪。』社中彌歲不能對。一日・邵篪因上殿氛泄，出知東平。邵高鼻鬖髯，社人目之曰『湊氛獅子』，仍對曰：『說法馬留為察訪，湊氛獅子作知州。』」亦載清厲鶚《宋詩紀事》卷一〇〇。

〔2〕《苕溪漁隱叢話》前集卷五五引《桐江詩話》：元祐間呂惠卿察訪京東。喜以雙手指畫，社人目為「說法馬留」。邵篪以上殿洩氣出知東平，其人高鼻鬖髯，社人目之曰「湊氛獅子」，市社人嘲之云云。

某貴人

綠樹帶雲山罨畫，斜陽入竹地銷金。〔1〕

〔校注〕

〔1〕陸游《老學庵筆記》卷五：紹興中，有貴人好為徘諧體詩云云。

好事者

鈐轄諸道進奏院，詳定一司敕令所。

王防禦契聖眼科，陸官人遇仙風藥。

乾濕腳氣四斤丸，偏正頭風一字散。

三朝御裏陳忠翊，四世儒醫陸太丞。〔1〕

〔校注〕

〔1〕《老學庵筆記》卷八：大駕初駐蹕臨安，故都及四方士民商賈輻輳，又創立官
　　府，匾榜一新。好事者取以為對云云。

輕薄子

改釋仲殊詞嘲仲殊

　　枇杷樹下立多時，不言不語厭厭地。〔1〕

〔校注〕

〔1〕《中吳紀聞》卷四：釋仲殊浮薄，一日造郡中接坐之間，見庭下有一婦人投牒
　　立於雨中，詠一詞，有「鳳鞋濕透立多時，不言不語厭厭地」之句，後自經於
　　枇杷樹下，輕薄子更之云云。

韓縝幕吏

嘲韓縝〔1〕

　　五日一庭趨，全如大起居〔2〕。相公南面坐，只是欠山呼。〔3〕

〔校注〕

〔1〕韓縝（1019～1097），字玉汝，原藉靈壽（今屬河北），徙居雍丘（今河南杞縣）。
　　仁宗慶曆二年（1042）進士。英宗時任淮南轉運使，神宗時任樞密院事，哲宗
　　時拜尚書右僕射兼中書侍郎。後罷為知潁昌府，以太子太保致仕。卒贈司空，
　　封崇國公，諡莊敏。存詞1首。

〔2〕大起居：指皇帝的言行舉止。

〔3〕山呼：臣下祝頌皇帝的儀節。　　　《夷堅志》支丁卷一《韓莊敏食驢》：韓平
　　生嚴毅，令行禁止。罷相之後，出鎮長安。時藩鎮庭參之儀久廢，唯初到日聊
　　一講。韓令五日一為之，僚吏厭苦。一旦得小詩於屏上，其詞云云。韓讀競略
　　不動色，徐言：「卻是我錯了。」於是改令每遇坐廳日則為之。謗者亦息。人
　　服其臨事不懼，堅強有決云。

無名氏

嘲朱希真〔1〕

少室山人久掛冠，不知何事到長安。如今縱插梅花醉，未必王侯著眼看。〔2〕

〔校注〕

〔1〕朱敦儒晚年隱居嘉禾（今浙江嘉興一帶），以詩詞獨步一世。秦檜欲令敦儒教己子秦熺作詩，故先用敦儒之子為刪定官，繼而又除敦儒為鴻臚寺少卿。

〔2〕宋周必大《二老堂詩話》載：「朱希真致仕居嘉禾，詩詞獨步一世。秦丞相欲令教秦伯陽作詩，遂除鴻臚少卿。或作詩云云。」

無名氏

譏張嵲代擬秦檜奏章誤用典故〔1〕

商湯為太甲〔2〕，孔聖作周任。〔3〕

〔校注〕

〔1〕張嵲（1096～1148年），字巨山，襄陽（今湖北襄樊）人。徽宗宣和三年（1121）上舍中第。官實錄院檢討試中書舍人、知衢州。著有《紫微集》30卷，久佚。

〔2〕太甲：湯嫡孫，太丁子，在位二十三祀。太丁早卒，丙壬嗣登大位。

〔3〕《二老堂詩話》：蓋誤以伊尹告太甲為相湯，而《論語》載孔子道周任之言，今直為孔聖之言。

無名氏

嘲許某

笙歌擁出畫堂來，國恤親喪總不知。府第更侵夫子廟，無君無父亦無師。〔1〕

〔校注〕

〔1〕宋葉紹翁《四朝聞見錄》卷五戊集《臺臣用謠言》：「浙西有大臣許某者，以國

恤親喪奏樂，又所居頗侵學官，為仇家飛謠於臺臣云云。競以是登於劾章。雖得於風聞，而許為大臣，亦未必有是，然人言可畏，為君子者亦盍謹諸！」亦載清杜文瀾《古謠諺》卷九三。

無名氏

嘲曾鞏弟兄應舉不利

三年一度舉場開，落殺曾家兩秀才。有似簷間雙燕子，一雙飛去一雙來。[1]

〔校注〕

〔1〕《揮麈後錄》卷六：南豐昆弟六人，久益滲落，與長弟曄應舉，每不利於春官。里人有不相悅者，為詩以嘲之云云。南豐不以介意，力教諸弟不怠。嘉祐初，與長弟及次弟（牟）、文肅公、妹婿王補之（無咎）、王彥深（幾）一門六人，俱列鄉薦。既將入都赴省試，子婿拜別朱夫人於堂下。夫人歎曰：「是中得一人登名，吾無憾矣。」榜出唱第，皆在上列，無有遺者。楚俗：遇元夕第三夜，多以更闌時微行聽人語言，以卜一歲之通塞。子固兄弟被薦時，有鄉士黃其姓者，亦預同升。黃面有瘢，俚人呼為黃痘子。諸曾俱往赴省試，朱夫人亦以收燈夕往間巷聽之，聞婦人酬酢造醬法云：「都得，都得。黃豆子也得。」已而捷音至，果然入兩榜。

無名氏

嘲晁以道

早赴朱張飯，隨廝蔡子詩。此回休倔強，凡事且從宜。[1]

〔校注〕

〔1〕梁師成以翰墨為己任，四方俊秀名士，必招致門下，往往遭點污。晁以道說之亦附之。有人以詩嘲云云。《朱子語類》卷一三〇亦載：晁以道後來亦附梁師成，有人以詩嘲之云云。

太學生

嘲杭州府尹

堪笑明庭鴛鷺，甘作村莊犬雞。一日冰山失勢，湯燖鑊煮刀刲。[1]

〔校注〕

〔1〕《鶴林玉露》乙編卷三：韓平原作南園於吳山之上，其中有所謂村莊者，竹籬茅舍，宛然田家氣象。平原嘗遊其間，甚喜曰：「撰得絕似，但欠雞鳴犬吠耳。」既出莊遊他所，忽聞莊中雞犬聲，令人視之，乃府尹所為也。平原大笑，益親愛之。太學諸生有詩云云。

無名氏

嘲洪邁[1]

一日之饑禁不得，蘇武當時十九秋。傳與天朝洪奉使，好掉頭時不掉頭。

〔校注〕

〔1〕《鶴林玉露》丙編卷三《容齋奉使》：紹興辛巳，亮既授首，葛王篡位，使來修好，洪景盧往報之。入境，與其接伴約用敵國禮，伴許諾。故沿路表章，皆用在京舊式。未幾，乃盡卻回，使依近例易之。景盧不可。於是扃驛門，絕供饋，使人不得食者一日。又令館伴者來言，頃嘗從忠宣公學，陽吐情實，令勿固執，恐無好事，須通一線路乃佳。景盧等俱留，不得已，易表章授之，供饋乃如禮。景盧素有風疾，頭常微掉，時人為之語云云。

輕薄子

嘲喬平章[1]

左相門前有指揮，小官焉敢不遵依。若言七十當致仕，八十公公也合歸。

〔校注〕

〔1〕《貴耳集》卷上：喬平章為左相，時已年八十餘，因榜府門曰：「七十者許乞致仕。」為一輕薄子書一詩於右云云，因是卷榜而入。

太學生

嘲程覃皂蓋之禁〔1〕

冠蓋相望自古傳，以青易皂已多年。中原數頂黃羅傘〔2〕，何不多多出賞錢？

〔校注〕

〔1〕《貴耳集》卷上：紹興乾道間，都下安敢張蓋，雖曾為朝士，或外任監司州郡，入京未嘗有蓋，只是持袋扇障日。開禧間，始創出皂蓋。程覃尹京出賞，嚴皂蓋之禁。有越士張蓋過府門，遂為所治。後學中有詩云云。時山東盜賊紛起，故有此詩也。

〔2〕黃羅傘：道具。儀仗中的一種。朱紅漆曲頸長柄傘。金頂，圓蓋形傘罩。黃綢緞傘面，彩繡勾金龍戲珠雲紋圖案，上沿鑲寶藍緞闊邊，下垂黃色綢走水。由劇中太監持舉，是隨從帝王的傘蓋，故又稱「黃龍傘」

太學生

嘲馬光祖〔1〕

幾年貪帥壽神京，虎視國家三學生。休道新除京尹好，敢將書鋪待司成。（《癸辛雜識》別集下。）

〔校注〕

〔1〕馬光祖，字華父，號裕齋，吏事強敏，風力甚著，前後麾節，皆有可觀。乙卯尹京，內引一剳云：「自後宣諭旨揮，容臣覆奏。戚里請託，容臣繳進。」下車之後，披剔弊蠹，風采一新，時號名尹。未幾，有倉部郎中師應極之子，夜飲於市，碎其酒家器。詰朝，尹車過門，泣訴其事，光祖即償所直，追逮一行作鬧僕從，仍牒問師倉郎。蓋光祖時領版曹，以倉部為所屬，故牒問，殊不思

京師無牒問朝士之理。師乃時相之私人，乃執縛持牒之卒，恣肆凌辱，又率諸曹郎官白堂，乞正體統。朝廷遂劾漕司，追出被打酒家，反加黥配。應極之子帖然無它，於是光祖威風頓挫，百事退縮。初，顏帥尹京之時，遇三學應有訟牒，必申國子監俟報，方與施行。學舍已不能堪。及光祖尹京，又創為一議，應學舍詞訟，須先經本監用印保明，方許經有司。學舍尤怒之，作為小詩曰：「幾年貪帥毒神京，虎視國家三學生。休道新除京尹好，敢將書鋪待司成。」未幾，察官朱應元劾李昂英，太學作書譏之，有云「何不移其劾昂英者劾光祖」等語，光祖愈不安。既而辟客參議薛垣以蹤跡詭秘罷，於是光祖力丐外任，出守留都焉。尹京號為難治者，蓋以廣大之區，奸宄百弊，上則有應奉之勞，次則有貴戚干政、他司撓權之患，此其所以難也。餘則曰：「不然。自淳熙以來，尹京幾人其得罪而去者，未始不由學校，可指而數也。」然則學校之橫，又有出於數者之外矣。

無名氏

嘲樓鑰

平生只說樓攻媿〔1〕，此媿終身不可攻。（《癸辛雜識》別集下。）

〔校注〕

〔1〕樓攻媿：南宋文學家樓鑰，撰有《攻媿集》。早年曾以隨員身份出使金朝，將路途所見寫入《北行日錄》，記敘了當時中原殘破的情況和人民的有關生活。按：《齊東野語》又有詩曰：「自古和親有大權，未聞函首可安邊。生靈肝腦空塗地，祖父冤仇共戴天。晁錯已誅終叛漢，於期未遣尚存燕。廟堂自謂萬全策，卻恐防邊未必然。」又云「歲幣頓增三百萬，和親又送一於期。無人說與王柟道，莫遣當年寇準知。」亦可見一時公論也。

無名氏

嘲鄭清之再相〔1〕

一箚未離丹禁地，扁舟已自到江干。先生自號為安晚，晚節胡為不自安？（《癸辛雜識》別集卷下。）

〔校注〕

〔1〕鄭清之字德源，號青山，又號安晚，為穆陵之舊學。端平初相，聲譽翕然。及淳祐再相，已耄及之，政事多出其姪孫太原之手，公論不與。況所汲引如周垣、陳垍、蔡榮輩，皆小人，黃自然嘗入疏論之。既而豐儲倉門趙崇雋上書，歷陳其昏繆貪污之過，亦解綬而去。未幾，察官潘凱遂劾之，吳燧亦劾其黨，朝廷遂奪二察言職。夕堂董槐亦人疏求去，蓋潘、吳二豸，皆董所薦也。潘疏有云：「馬天驥竭浙東鹽本百萬而得遷。」天驥遂申省辨白，清之欲差官核實，程元鳳以為不可以外官鈐制臺諫，其議遂寢。時牟子才家居，亦疏攻鄭而留二察，不報，辛亥冬，祈雪，得雷電大作，而清之薨於位，恩數極厚。明年，傅端林彬之按太原公受賄賂竊取相權，凡所以誤故相者，皆太原之罪，乞罷其閣職，勒守故相之墓，上從之。初，清之之重來也，有作詩譏之云：「一劄未離丹禁地，扁舟已自到江干。先生自號為安晚，晚節胡為不自安？」及其薨也，又有詩云：「光範門前雪尺圍，火雲燒盡曉風吹。堪嗟淳祐重來日，不似端平初相時。里巷誰為司馬哭，番夷肯為孔明悲。青山化作黃金塢，可惜角巾歸去遲。」

無名氏

嘲史嵩之鹺政〔1〕

萬舸千艘滿運河，人人盡道相公鹺。相公雖是調羹手，傅說何曾用許多。（《東南紀聞》卷一）

〔校注〕

〔1〕《東南紀聞》卷一載：理宗朝，史嵩之當國，往往以深刻得罪公論。鹺之商運，自昔而然，嵩之悉從官鬻。價直低昂聽販官自定，其各州縣別有提領，考其殿最，以辦多為優。於是他鹽盡絕。官擅其饒。每一千錢重有賣至三千足錢者。深山窮谷，數百里之錢無不輻輳。收到見錢，就充糴本，順流而下，撥赴邊州。廟堂會計糴運到邊每一軍斛止計本錢十七界會一道。時江西十七界百十五錢，可不謂之深刻乎！有無名子以詩嘲之云云。

無名氏

刺夏貴〔1〕

節樓高聳與雲平，通國誰能有此榮。一語淮西聞養老，三更江上便抽兵。不因賣國謀先定，何事勤王詔不行。縱有虎符高一丈，到頭難免賊臣名。（《山房隨筆》）

〔校注〕

〔1〕有刺夏（金吾）貴詩云云。人謂北兵既至，許貴淮西一道與之養老，故戢兵不戰。然賈似道退師，數十萬眾一鼓而潰，貴雖勇健，亦何為哉！

無名氏

諷燒銀

破布衣裳破布裙，逢人便說會燒銀，君還果有燒銀術，何不燒銀白養身。〔1〕

〔校注〕

〔1〕俞琰《席上腐談》卷下引徐彭年《涉世錄》。

無名氏

改張士遜別章得象詩嘲之

赭案當衙並命時，與君兩個沒操持。如今我得休官去，一任夫君鶻露蹄。（《說郛》卷三五引《談淵》）〔1〕

〔校注〕

〔1〕宋吳曾《能改齋漫錄·辨誤》也記錢穆父斷案事，並云：「然余見王樂道記輕薄者，改張鄧公詩云云。乃作鶻露蹄，何耶？更俟識者也。」鶻露蹄或葫蘆提其實同一語，意為糊裏糊塗，不明不白。宋元時俗語。

某士人

逾牆摟處子詩

　　花柳平生債，風流一段愁。逾牆乘興下，處子有心摟。謝砌應潛越，韓香許暗偷。有情還愛欲，無語強嬌羞。不負秦樓約，安知漳獄囚〔1〕？玉顏麗如此，何用讀書求。〔2〕

〔校注〕

〔1〕漳，一作漢。

〔2〕唐圭璋《宋詞紀事》引錄《三朝野史》說，有位士人，越牆偷人室女，事覺到官，勒令當廳面試。馬光祖出「逾牆摟處子」詩，士人秉筆云云。光祖看了大為讚賞，於是寫了這首詞作為判決。對於犯奸之士，光祖不僅沒有給他判罪，而且「記取媒人是馬公」，成全了他們的婚姻，使士子獲得佳偶。

無名氏

諷史彌遠〔1〕

　　前身元是覺闍黎〔2〕，業障紛華總不迷。到此更須睜隻眼，好將慧力運金鎚。（《西湖遊覽志餘》卷五。）

〔校注〕

〔1〕史彌遠，丞相浩之子，鄞人也。初，浩與覺長老善，問覺曰：「和尚與我孰好？」覺見其堂奧簾幕，羅綺爛盈，粉黛環列，謾曰：「丞相富貴好，老僧何敢比也。」既自省曰：「此念一差，積歲蒲團工夫盡廢，終當墮落泥滓。」一日，浩坐廳上，儼然見覺突入堂中。使人往寺廉之，則報覺死矣。茶頃，浩後院弄璋。浩默然，知為覺也，遂以覺為小名，及長，名之曰「彌遠」。彌遠當寧宗朝，韓侂胄以用兵起釁，中外憂恚，彌遠遂上疏力詆，帝嘉之。尋又贊廢濟王，立理宗。理宗德之，寵任日劇，相兩朝二十六年，權震海內。時有人作詩規之者云云。

〔2〕闍黎：阿闍黎，唐代僧人。

臨安諸生

作十七字詩譏不得出身

　　駕幸景靈宮，諸生盡鞠躬，烏頭身上白，米蟲。〔1〕

〔校注〕

〔1〕《西湖遊覽志餘》卷二二：宋制，車駕饗景靈宮，太學、武學、宗學諸生俱在
　　禮部前迎駕。臨安府有人作十七字詩譏其襆頭襴服，歲糜廩祿，不得出身，年
　　年迎駕耳。

無名子

作十七字詩譏王將明賜第梁芝脫落

　　新公新賜第，梁上生芝草；為甚落下來，膠少。〔1〕

〔校注〕

〔1〕《佩文齋廣群芳譜》卷八七引《古今詩話》：「宣和間（1119～1125），王將明賜
　　第，既而以梁生芝草為奏，車駕臨幸，適久雨梅潤芝墜地。京師無名子云云。」

無名氏

戲題

　　日日青菜羹，夜夜黃粱夢。若問衛生術，只此是珍重。（清謝啟昆《粵
西金石略》卷一一，末署時嘉定八年。）

〔校注〕

〔1〕宋無名氏還珠洞題詩《戲題》云云，嘉定乙亥歲季夏澣前七日。右磨崖在伏波
　　山還珠洞。高八寸，寬一尺五寸，真書徑一寸五分，右行。嘉定乙亥年，公元
　　一二一五年。

卷四十

神仙鬼怪、話本小說、歌謠語諺

神仙鬼怪

時人

嘲楊舜俞〔1〕

越娘墓下秋風起，脫葉紛紛逐流水。只如明月葬高原，不奈霜威損桃李。妖魂受賜欲報郎，夜夜飛入重城裏。幽訴千端郎不聽，傾心吐肝猶不止。仙都道士不知名，能用丹書鎮幽鬼。楊郎自此方醒然，孤鸞獨宿重泉底。（《青瑣高議》別集卷三引錢易《越娘記》。）

〔校注〕

〔1〕楊舜俞：字才叔，西洛人也。少苦學，頗有才。家貧，久客都下，多依倚顯宦門。

話本小說

綠窗新話

少年嘲楚娘〔1〕

可惜白米摻稗子，可惜羊肉伴冬瓜。忞煞此人沒些眼，泥中淹鬱一叢花。

〔校注〕

〔1〕楚娘,宋代建昌妓女。三山林茂叔,在建昌作官。聽說妓女楚娘,姿才絕妙,尤工於詩,於是便去求見。二人一見傾心,情意相投。林茂叔便將楚娘攜帶家中。

歌謠語諺

景德中無名子嘲語

張存解放旋風炮,任並(弁)能燒猛火油。〔1〕

〔校注〕

〔1〕《青箱雜記》卷八:景德中河朔舉人皆以防城得官,張存、任並(弁)雖事業荒疏,亦皆受恩澤,無名子嘲云。

北人嘲廣州波斯婦

人人皆吐血,家家盡篾門。(廣州波斯婦家家以篾為門,人食檳榔,唾地如血。北人嘲之云云。)〔1〕

〔校注〕

〔1〕宋莊綽《雞肋編》說:「(廣州)家家以篾為門,人食檳榔,唾地如血。北人嘲之曰:『人人皆吐血,家家盡篾門。』」南人嗜食檳榔,檳榔汁色紅,故「唾地如血」。「篾」,竹條也,南方多竹,因以篾為門,而篾、滅同音,此兩事竟為北人用形狀和諧音戲謔。

諧謔

雞冠花未放,狗尾葉先生。(嘲葉廣文)

三間草屋田中舍,兩面皮韁馬轡丞。(田馬自相謔。)

冬瓜少貌猶施粉,甘蔗無才也著緋。(猜謎,婦人富英對丁中散。《中吳紀聞》卷六。)

四詩人名謎

　　佳人佯醉索人扶，露出胸前霜雪膚。走入帳中尋不見，任他風水滿江湖。（賈島、李白、羅隱、潘閬四詩人名。或云王荊公作。《墨客揮犀》卷六）〔1〕

〔校注〕

〔1〕這是一首利用句意及諧音而制的謎詩。每句暗含一位詩人名。據宋人彭乘《墨客揮犀》記：這首詩可能是王丞相（即王安石）所製。

詩謎

　　雪天晴色見虹霓，千里江山遇帝畿，天子手中朝白玉，秀才不肯著粗衣。（元祐間好事者取達官姓名為詩謎云云，謂韓絳、馮京、王珪、曾布也。）

　　人人皆戴子瞻帽，君實新來轉一官，門狀送還王介甫，潞公身上不曾寒。（又取古人名而傳以今事，謂仲長統、司馬遷、謝安石、溫彥博。《夷堅志》甲志卷二。）〔1〕

〔校注〕

〔1〕馮夢龍《隱語》中詩句有異。宋儒為謎曰：長空雪霽見虹霓，行盡天涯遇帝畿，天子手中持玉簡，秀才心厭著粗衣。謂韓絳、馮京、曾布也。又曰：人人皆戴子瞻帽，君實新來轉一官，門狀送還王介甫，潞公身上不曾寒，謂仲長統、司馬遷、謝安石、溫彥博也。又曰：佳人佯索扶，露出胸前玉雪膚，走入繡帷尋不見，任他風颶卷江湖。謂賈島、李白、羅隱、潘閬也。　　此篇有幾處需要更正，第一則中「長空雪霽見虹霓，行盡天涯遇帝畿，天子手中持玉簡，秀才心厭著粗衣。謂韓絳、馮京、曾布也。」漏了第三個底為王珪。第三則中「佳人佯索扶，露出胸前玉雪膚，走入繡帷尋不見，任他風颶卷江湖。謂賈島、李白、羅隱、潘閬也。」第一句應是「佳人佯醉索人扶」少了「醉」「人」二字。第一則中四句分別先會意為「寒降」「逢京」「王圭」「憎布」再諧音扣底。第二則中「人人皆戴子瞻帽」。子瞻指蘇軾（字子瞻），子瞻帽是蘇軾獨創的一種長筒高帽，會意為眾長筒，再諧肯為仲長統。「君實新來轉一官」，辯實指司馬光（字君實），司馬光換官了，就是司馬遷。「門狀送還王介甫」，王介甫指安石（王安石字介甫），門狀送還為謝，合扣謝安石。「潞公身上不曾寒」，潞公指彥博（文彥博別號潞公），不曾寒就是溫，合扣溫彥博。第三則中四句分別先會意為「假倒」「裏白」「羅隱」「翻浪」再諧音扣底。

用字謎

一月復一月，兩月共半邊。

上有可耕之田，下有長流之川。

六口共一室，兩中不團圓。

重山復重山，重山向下懸。

明月復明月，明月兩相連。

木坫謎

我本無名，因汝有名。汝有不平，吾與汝平。

日謎

晝時圓，寫時方。寒時短，熱時長。

東海有一魚，無頭亦無尾。除去脊樑骨，便是這個謎。[1]

〔校注〕

〔1〕《續墨客揮犀》卷六謂前為王安石作，後為呂惠卿作。

染布（物）霞頭謎

身居色界中，不染色界塵，一朝解纏縛，見性自分明。

持棋謎

彼亦不敢先，此亦不敢先。惟其不敢先，是以無所爭，是以能入於不死不生。

字點謎

寒則重重疊疊，熱則四散分流，四個在縣，三個在州，村裏不見在村裏，市頭不見在市頭。

印章謎

方圓大小隨人，腹裏文章儒雅，有時滿面紅妝，常在風前月下。

金剛謎

立不中門，行不履閾，儼然人望而畏之，斯亦不足畏也已。

蜘蛛謎

上不在天，下不在田，中心藏之，玄之又玄。

又云：

自西自東，自南自北，無思不服。

拄杖謎

用之則行，舍之則藏，惟我與爾。危而不持，顛而不扶，則焉用彼？

木屐謎

可以託六尺之孤，可以寄百里之命。遇剛則鏗爾有聲，遇柔則沒齒無怨。

蹴踘謎

瞻之在前，忽然在後，樂然後笑，人不厭其笑。

墨斗謎

我有一張琴。絲絃長在腹，時時馬上彈，彈盡天下曲。

打稻枷謎

天下有道則見，無道則隱，瞻之在前，忽焉在後。

夾註書謎

大底不會說小底，小底常是說大底，若要知得大的事，須去仔細問小底。

元夕燈球謎

我有紅圓子，治赤白帶下，每服三五丸，臨夜茶酒下。

日曆謎

一尺長，十二節，兩頭冷，中間熱。

手指謎

大者兩文，小者三文，十枚共計二十八文。

水中石謎

小時大，大時小，漸漸大，不見了。（或以為小兒囟門）

手巾謎

八尺一片，四角兩面，所識是人面，不識畜生面。

接果謎

斫頭便斫頭，卻不教汝死，拋卻親生兒，卻抱過房子。

以古詩賦敗弓謎

爭帝圖王勢已傾（無靶），八千兵散楚歌聲（無弦）。烏江不是無船渡（無弰），羞向東吳再起兵（無面）。[1]

〔校注〕

〔1〕《齊東野語》卷二十隱語。

儉字謎

一人立，三人坐。兩人小，兩人大。其中更有一二口，教予如何過？[1]

〔校注〕

〔1〕《說郛》卷二九上引《暘谷漫錄》。此謎乃變王安石七言四句本謎而成。

一字謎

上不在上，下不在下。不可在上，止宜在下。

門字謎

倚闌干，東君去也。眺花間，紅日西沉。閃多嬌，情人不見。悶淹淹，笑語無心。[1]

〔校注〕

〔1〕運用離合漢字的方法寫詩，還常用於製作字謎，使謎面讀來琅琅上口，更有吸引力。明代制謎高手楊景言，就曾以四句詩製一字謎，頗有味道。謎面為：「倚闌干東君去也，眺花間紅日西沉，閃多嬌情人不見，悶淹淹笑語無心。」「闌」去「東」，「間」去「日」，「閃」去「人」，「悶」去「心」，四句都應一個「門」字。

過山龍謎

一曲盤龍初展，渴飲寒潭春暖。霎時噴雨簷前，四海五湖皆滿。[1]

〔校注〕

〔1〕《西湖遊覽志餘》卷二五。

參考書目

1. （西周）姬旦，（漢）鄭玄注：《周禮》，北京：中華書局，1922。

2. （周）尹喜：《關尹子》，北京：中華書局，1985。

3. （戰國）左丘明：《國語》，上海：上海古籍出版社，2015。

4. （戰國）呂不韋：《呂氏春秋》，上海：上海古籍出版社，1989。

5. （春秋）晏嬰：《晏子春秋》，北京：中國書店，2014。

6. （戰國）尹文：《尹文子》，北京：中華書局，1991。

7. （戰國）韓非著；秦惠彬校點：《韓非子》，瀋陽：遼寧教育出版社，1997。

8. （戰國）尉繚：《尉繚子》，北京：中華書局，1985。

9. （漢）伏勝：《尚書大傳附序錄辨訛》，北京：中華書局，1985。

10. （漢）鄭玄：《易通卦驗鄭氏注》，揚州：江蘇廣陵古籍刻印社，1984。

11. （漢）韓嬰撰；許維遹校釋：《韓詩外傳集釋》，北京：中華書局，1980。

12. （漢）董仲舒：《春秋繁露》，北京：中國書店，2018。

13. （漢）焦延壽：《易林今譯》，鄭州：中州古籍出版社，2016。

14. （漢）戴德：《大戴禮記》，北京：中國書店，2016。

15. （漢）劉向編訂：《戰國策》，上海：上海古籍出版社，2008。

16. （漢）司馬遷，（唐）張守節：《史記》，北京：中華書局，1982。

17. （漢）荀悅編，（梁）沈約注；（清）洪頤煊校：《竹書紀年》，上海：商務印書館，1937。

18. （漢）班固：《漢書》，北京：中華書局，1962。

19. （漢）應劭：《漢官儀‧漢官典職儀式選用‧漢官》，北京：中華書局，1985。

20. （漢）劉珍等：《東觀漢記》，上海：中華書局，1936。

21. （漢）袁康，（東漢）吳平著：《越絕書》，杭州：浙江古籍出版社，2013。

22. （漢）劉向撰；（晉）葛洪撰：《列仙傳》，上海：上海古籍出版社，1990。

23. （漢）東方朔：《神異經》，上海：上海古籍出版社，1990。

24. （漢）東方朔，（漢）班固，（東漢）郭憲：《海內十洲記》《神異經》《漢武故事》《洞冥記》《雜事秘辛》《搜神記》，文明書局，1915。

25. （漢）劉向：《古列女傳》，北京：中國書店，2018。

26. （漢）劉安著；（漢）許慎注；陳廣忠校點：《淮南子》，上海：上海古籍出版社，2016。

27. （漢）劉向撰；盧元駿注釋：《說苑今注今譯》，天津：天津古籍出版社，1977。

28. （漢）劉歆等撰；王根林校點：《西京雜記外五種》，上海：上海古籍出版社，2012。

29. （漢）揚雄撰；（晉）李軌，（唐）柳宗元注：《揚子法言》，北京：中國書店，2018。

30. （漢）王充：《論衡》，上海：上海古籍出版社，1990。

31. （漢）嚴遵：《道德指歸論》，北京：中華書局，1985。

32. （漢）揚雄著；張震澤校注：《揚雄集校注》，上海：上海古籍出版社，1993。

33. （漢）蔡琰撰；李廉注：《胡笳十八拍》，北京：中華書局，1959。

34. （漢）張衡著；張震澤校注：《張衡詩文集校注》，上海：上海古籍出版社，1986。

35. （漢）劉向輯；（漢）王逸注；（宋）洪興祖補注；孫雪霄校點：《楚辭》，上海：上海古籍出版社，2015。

36. （漢）許慎：《說文解字》，上海：上海古籍出版社；上海世紀出版股份有限公司，2007。

37. （漢）劉熙：《釋名》，北京：國際文化出版公司，1993。

38. （三國）王肅注：《孔子家語》，上海：上海古籍出版社，1990。

39. （三國）陸璣：《毛詩草木鳥獸蟲魚疏》，北京：中華書局，1985。

40. （三國魏）曹植著；趙幼文校注：《曹植集校注》，北京：中華書局，2017。

41. （魏）邯鄲淳：《笑林》，濟南：山東畫報出版社，2004。

42. （魏）吳普等述；（清）孫星衍，孫馮翼撰；戴銘等點校：《神農本草經》，
南寧：廣西科學技術出版社，2016。

43. （晉）陳壽，（宋）裴松之注：《三國志》，北京：中華書局，2011。

44. （晉）皇甫謐撰；（清）宋翔鳳，（清）錢寶塘輯；劉曉東校點：《逸周書》，
瀋陽：遼寧教育出版社，1997。

45. （晉）常璩原著；汪啟明，趙靜譯注：《華陽國志譯注》，成都：四川大
學出版社，2007。

46. （晉）陳壽：《益州耆舊傳》，王文才，王炎編著：《蜀志類鈔》，成都：
巴蜀書社，2010。

47. （晉）任豫：《益州記》，劉緯毅著：《漢唐方志輯佚》，北京：北京圖書
館出版社，1997。

48. （晉）郭璞原著；王招明，王暄譯注：《山海經圖讚譯注》，長沙：嶽麓
書社，2016。

49. （晉）郭璞：《穆天子傳及其他一種》，北京：中華書局，1985。

50. （晉）張湛注；（唐）盧重玄解；（唐）殷敬順，（宋）陳景元釋文；陳明
校點：《列子》，上海：上海古籍出版社，2014。

51. （晉）郭璞注：《穆天子傳》，上海：上海古籍出版社，1990。

52. （晉）葛洪：《抱朴子》，上海：上海古籍出版社，1990。

53. （晉）嵇含：《南方草木狀》，上海：上海古籍出版社，1993。

54. （晉）崔豹：《古今注》，北京：中華書局，1985。

55. （晉）陶淵明著；龔斌校箋：《陶淵明集校箋》，上海：上海古籍出版社，
2018。

56. （晉）陸雲：《陸士龍文集校注》，南京：鳳凰出版社，2010。

57. （晉）僧肇注：《注維摩詰所說經》，上海：上海古籍出版社，2011。

58. （晉）慧遠：《廬山慧遠大師文集》，北京：九州出版社，2014。

59. （宋）范曄，（唐）李賢等注：《後漢書》，北京：中華書局，2000。

60. （南朝）沈約：《宋書》，北京：中華書局，1974。

61. （梁）蕭子顯：《南齊書》，北京：中華書局，1996。

62. （北齊）魏收：《魏書》，北京：中華書局，1997。

63. （南朝）劉勰著，范文瀾注：《文心雕龍》，北京：人民文學出版社，1958。

64. （梁）蕭統編；（唐）李善注：《文選》，上海：上海古籍出版社，2011。

65. （南朝梁）元帝：《金樓子》，北京：中華書局，1985。

66. （南朝宋）劉義慶：《世說新語》，上海：上海古籍出版社，2012。

67. （南朝梁）宗懍撰；宋金龍校注：《荊楚歲時記》，太原：山西人民出版社，1987。

68. （南北朝北齊）顏之推：《顏氏家訓》，武漢：崇文書局，2017。

69. （南朝梁釋）慧皎等：《高僧傳合集》，上海：上海古籍出版社，1991。

70. （南朝梁）陶弘景：《陶弘景集校注》，上海：上海古籍出版社，2009。

71. （南北朝）徐陵：《徐孝穆全集》，北京：中國書店，2018。

72. （陳）徐陵編；吳兆宜注：《玉臺新詠》，上海：上海書店出版社，1988。

73. （北魏）酈道元著；葉當前，曹旭注評：《水經注》，南京：鳳凰出版社，2011。

74. （北魏）賈思勰原著；繆啟愉校釋：《齊民要術校釋》，北京：農業出版社，1982。

75. （北魏）楊衒之撰；唐晏鈞沉；張宗祥校：《洛陽伽藍記合校》，揚州：江蘇廣陵古籍刻印社，1997。

76. （前秦）王嘉等撰；王根林等校點：《拾遺記外三種》，上海：上海古籍出版社，2012。

77. （印）龍樹造，（後秦）鳩摩羅什譯：《大智度論》，上海：上海古籍出版社，1991。

78. （隋）虞世南：《北堂書鈔》，天津：天津古籍出版社，1988。

79. （隋）慧遠，智吉藏撰：《無量壽經》《觀無量壽佛經》《阿彌陀經》，上海：上海古籍出版社，1990。

80. （隋）智顗疏，（唐）湛然著；（宋）道威入疏：《妙法蓮華經》，上海：上海古籍出版社，1990。

81. （唐）房玄齡：《晉書》，北京：中華書局，1996。

82. （唐）姚思廉：《梁書》，北京：中華書局，1987。

83. （唐）姚思廉：《陳書》，北京：中華書局，1972。

84. （唐）李百藥：《北齊書》，北京：中華書局，1972。

85. （唐）令狐德棻：《周書》，北京：中華書局，1971。

86. （唐）魏徵：《隋書》，北京：中華書局，1997。

87. （唐）李延壽：《南史》，北京：中華書局，1975。

88. （唐）李延壽：《北史》，北京：中華書局，1974。

89. （唐）杜佑：《通典》，北京：中華書局，1984。

90. （唐）李肇：《翰林誌》，北京：商務印書館，1940。

91. （唐）康駢：《劇談錄》，北京：中華書局，1991。

92. （唐）牛僧儒，姜雲校注：《玄怪錄》，上海：上海古籍出版社，1985。

93. （唐）張鷟，劉餗撰，朝野僉載·隋唐嘉話》，西安：三秦出版社，2004。

94. （唐）孟棨：《本事詩》，上海：上海古籍出版社，1991。

95. （唐）王冰，戴銘等點校：《黃帝內經素問》，南寧：廣西科學技術出版社，2016。

96. （唐）白居易原本，（宋）孔傳續撰：《白孔六帖·外三種》，上海：上海古籍出版社，1992。

97. （唐）楊倞注：《荀子》，上海：上海古籍出版社，2010。

98. （唐）牛僧孺：《周秦行紀》，北京：中華書局，1985。

99. （唐）范攄撰；唐雯校箋：《雲溪友議校箋》，中華書局，2017。

100. （唐）鄭棨：《開天傳信記》，北京：中華書局，2012。

101. （唐）徐堅：《初學記》，北京：中華書局，2004。

102. （唐）段安節：《〈樂府雜錄〉校注》，上海：上海古籍出版社，2015。

103. （唐）段成式撰；許逸民校箋：《酉陽雜俎校箋》，北京：中華書局，2015。

104. （唐）房玄齡注；（明）劉績補注；劉曉藝校點：《管子》，上海：上海古籍出版社，2015。

105. （唐）谷神子：《古小說叢刊‧博異志》，北京：中華書局，1980。

106. （唐）張讀，（唐）裴鉶撰：《宣室志‧裴鉶傳奇》，上海：上海古籍出版社，2012。

107. （唐）杜光庭：《虬髯客傳及其他四種》，北京：中華書局，1991。

108. （唐）歐陽詢：《宋本藝文類聚》，上海：上海古籍出版社，2013。

109. （唐）張彥遠：《歷代名畫記》，南京：江蘇美術出版社；鳳凰出版傳媒集團，2007。

110. （唐）封演撰；趙貞信校注：《封氏聞見記校注》，北京：中華書局，2005。

111. （唐釋）玄奘撰；章撰點校：《大唐西域記》，上海：上海人民出版社，1977。

112. （唐釋）般刺密帝譯：《楞嚴經》，上海：上海古籍出版社，1991。

113. （唐）宗密，（明）德清撰：《圓覺經注疏》，北京：線裝書局，2016。

114. （唐釋）道世：《法苑珠林》，北京：中國書店，2016。

115. （唐）釋法藏：《大方廣佛華嚴經探玄記》，上海：上海古籍出版社，1996。

116. （唐釋）玄應：《一切經音義》，北京：國際文化出版公司，1993。

117. （唐）惠能著；鄧文寬校注：《六祖壇經》，瀋陽：遼寧教育出版社，2005。

118. （唐）沈佺期，（唐）宋之問撰；陶敏，易淑瓊校注：《沈佺期宋之問集校注》，北京：中華書局，2001。

119. （唐）楊炯：《楊炯集》，北京：中華書局，1980。

120. （唐）李白撰；郁賢皓校注：《李太白全集校注》，南京：鳳凰出版社，2015。

121. （唐）杜甫撰；（清）仇兆鰲詳注：《杜詩詳注》，上海：上海古籍出版社，1992。

122. （唐）高適著；劉開揚箋注：《高適詩集編年箋注》，北京：中華書局，1981。

123. （唐）韓愈著；錢仲聯：《韓昌黎詩繫年集釋》，上海：上海古籍出版社，1984。

124. （唐）韓愈撰；馬其昶校注：《韓昌黎文集校注》，上海：上海古籍出版社，1986。

125. （唐）柳宗元：《柳河東全集》，北京：中國書店，1991。

126. （唐）劉禹錫著；瞿蛻園箋證：《劉禹錫集箋證》，上海：上海古籍出版社，1989。

127. （唐）白居易著，朱金城箋校：《白居易集箋校》，上海：上海古籍出版社，1988。

128. （唐）元稹原著；吳偉斌箋注：《新編元稹集》，西安：三秦出版社，2015。

129. （唐）韋應物著；陶敏，王友勝校注：《韋應物集校注》，上海：上海古籍出版社，2011。

130. （唐）羅隱著；潘慧惠校注：《羅隱集校注》，杭州：浙江古籍出版社，1995。

131. （唐）李公佐：《南柯記》，北京：中華書局，1991。

132. （後晉）劉昫等：《舊唐書》，北京：中華書局，1975。

133. （五代）王定保：《唐摭言》，上海：上海古籍出版社，1978。

134. （五代）王仁裕；丁如明輯校：《開元天寶遺事》，上海：上海古籍出版社，1985。

135. （五代）薛居正：《舊五代史》，北京：中華書局，1976。

136. （宋）孫光憲，林青等校注：《北夢瑣言》，西安：三秦出版社，2003。

137. （宋）李昉編纂；孫雍長，熊毓蘭校點：《太平御覽》，石家莊：河北教育出版社，1994。

138. （宋）龔明之：《中吳紀聞》，北京：中華書局，1985。

139. （宋）陳騤：《南宋館閣錄》，北京：中華書局，1998。

140. （宋）計有功：《唐詩紀事》，上海：上海古籍出版社，2013。

141.（宋）歐陽修：《新五代史》，北京：中華書局，1974。

142.（宋）歐陽修，宋祁：《新唐書》，北京：中華書局，1975。

143.（宋）歐陽修等著；王宗堂注評：《牡丹譜》，鄭州：中州古籍出版社，2016。

144.（宋）歐陽修著，劉德清等箋注：《歐陽修集編年箋注》，成都：巴蜀書社，2007。

145.（宋）王安石著，（宋）李壁箋注，高克勤點校：《王荊文公詩箋注》，上海：上海古籍出版社，2010。

146.（宋）梅堯臣著，朱東潤校注：《梅堯臣集編年校注》，上海：上海古籍出版社，1980。

147.（宋）蘇軾：《蘇東坡全集》，中國書店，1986。

148.（宋）蘇軾著：《蘇軾詩集合注》，上海：上海古籍出版社，2001。

149.（宋）蘇軾著，李之亮箋注：《蘇軾文集編年箋注》，巴蜀書社，2011。

150.（宋）司馬光著，李之亮箋注：《司馬溫公集編年箋注》，巴蜀書社，2009。

151.（宋）黃庭堅著；（宋）任淵等注；劉尚榮校點：《黃庭堅詩集注》，北京：中華書局，2003。

152.（宋）陳師道：《後山居士文集》，上海：上海古籍出版社，1984。

153.（宋）呂本中撰；沈暉點校：《東萊詩詞集》，合肥：黃山書社，2014。

154.（宋）張孝祥撰；彭國忠校點：《張孝祥詩文集》，合肥：黃山書社，2001。

155.（宋）張孝祥著，徐鵬校點：《于湖居士文集》，上海：上海古籍出版社，1980。

156.（宋）張元幹；曹濟平校注：《蘆川詞箋注》，上海：上海古籍出版社，2010。

157.（宋）陳與義著；金德厚，吳書蔭校：《陳與義集》，北京：中華書局，1982。

158.（宋）陳與義：《陳與義集校箋》，上海：上海古籍出版社，1990。

159.（宋）李綱：《李綱全集》，長沙：嶽麓書社，2004。

160. （宋）陸游著；錢忠聯校注：《陸游全集校注》，杭州：浙江教育出版社，2011。

161. （宋）楊萬里著；薛瑞生校證：《誠齋詩集箋證》，西安：陝西出版集團、三秦出版社，2011。

162. （宋）楊萬里著：《楊萬里詩文集》，南昌：江西人民出版社，2006。

163. （宋）范成大著，富壽蓀校點：《范石湖集》，上海：上海古籍出版社，2006。

164. （宋）楊時：《龜山集》，上海：上海印書館，1927。

165. （宋）曾幾：《茶山集》，北京：中華書局，1985。

166. （宋）劉才邵：《檆溪居士集》，上海：上海古籍出版社，1987。

167. （宋）華岳撰，馬君驊點校：《翠微南征錄北征錄合集》，合肥：黃山書社，1993。

168. （宋）范浚：《香溪集》，北京：中華書局，1985。

169. （宋）王十朋著，梅溪集重刊委員會編：《王十朋全集》，上海：上海古籍出版社，1998。

170. （宋）朱熹撰；郭齊箋注：《朱熹詩詞編年箋注》，成都：巴蜀書社，2000。

171. （宋）朱熹撰，朱傑人、嚴佐之、劉永翔主編：《朱子全書》，上海：上海古籍出版社，合肥：安徽教育出版社，2002。

172. （宋）張栻撰，鄧洪波校點：《張栻集》，長沙：嶽麓書社，2010。

173. （宋）張端義：《貴耳集》，上海：上海古籍出版社，2012。

174. （宋）劉克莊著，錢仲聯箋注：《後村詞箋注》，上海：上海古籍出版社，1980。

175. （宋）葉適：《葉適集》，北京：中華書局，2010。

176. （宋）薛季宣撰，張良權點校：《薛季宣集》，上海：上海社會科學院出版社，2003。

177. （宋）陳傅良著，郁震宏校注：《陳傅良詩集校注》，杭州：浙江古籍出版社，2010。

178. （宋）姜特立著，錢之江整理：《姜特立集》，浙江古籍出版社，2016。

179. （宋）劉過：《龍洲集》，上海：上海古籍出版社，1978。

180. （宋）戴復古著，吳茂雲校注：《戴復古全集校注》，北京：中國文史出版社，2008。

181. （宋）鄭清之：《安晚堂集》，《四明叢書》本。揚州：廣陵書社，1981。

182. （宋）周密著；楊瑞點校：《周密集》，第六冊，杭州：浙江古籍出版社，2015。

183. （宋）白玉蟾著，蓋建民輯校：《白玉蟾詩集新編》，北京：社會科學文獻出版社，2013。

184. （宋）方岳：《秋崖詩詞校注》，合肥：黃山書社，1998。

185. （宋）范應元集注：《宋版老子道德經古本集注直解》，北京：中國書店，2018。

186. （宋）黎靖德編；楊繩其，周嫻君校點：《朱子語類》，長沙：嶽麓書社，1997。

187. （宋）司馬光：《資治通鑒》，長春：吉林大學出版社，2015。

188. （宋）孫逢吉：《職官分紀》，北京：中華書局，1988。

189. （宋）鄭樵：《通志》，北京：商務印書館，無年份。

190. （宋）佚名：《京口耆舊傳》，北京：中華書局，1991。

191. （宋）宇文懋昭：《大金國志》，北京：中國書店，2016。

192. （宋）王存：《元豐九域志》，北京：中華書局，1984。

193. （宋）樂史撰；王文楚等點校：《太平寰宇記》，中華書局，2007。

194. （宋）沈作賓修，（宋）施宿纂：《嘉泰會稽志》，臺灣：成文出版社，1983。

195. （宋）史能之撰；朱玉林，張平生點校：《咸淳毗陵志》，揚州：廣陵書社，2005。

196. （宋）潛說友纂：《咸淳臨安志》，杭州：浙江古籍出版社，2012。

197. （宋）陳振孫：《直齋書錄解題》，上海：上海古籍出版社，1987。

198. （宋）李昉等編：《太平廣記》，北京：中華書局，1961。

199. （宋）張君房編：《雲笈七籤》，北京：中央編譯出版社，2017。

200. （宋）賾藏主編：《古尊宿語錄》，上海：上海古籍出版社，1991。

201. （宋）贊寧撰；范祥雍點校：《宋高僧傳》，上海：上海古籍出版社，2014。

202. （宋）釋道誠：《釋氏要覽校注》，北京：中華書局，2014。

203. （宋）普濟輯；朱俊紅點校：《五燈會元》，海口：海南出版社，2011。

204. （宋）圓悟克勤著；子愚居士譯：《碧巖錄解析》，北京：宗教文化出版社，2014。

205. （宋）道元輯；朱俊紅點校：《景德傳燈錄》，海口：海南出版社，2011。

206. （宋）惟白輯；朱俊紅點校：《建中靖國續燈錄》，海口：海南出版社，2011。

207. （宋）郭思編；楊無銳編著：《林泉高致》，天津：天津人民出版社，2018。

208. （宋）正受編：《嘉泰普燈錄》，《新纂續藏經》第 79 冊，第 1559 號。

209. （宋）王象之著，李勇先校點：《輿地紀勝》，成都：四川大學出版社，2005。

210. （宋）王偁：《東都事略》，臺灣：文海出版社，1980。

211. （宋）蔡絛：《鐵圍山叢談》，北京：中華書局，2011。

212. （宋）洪邁著；穆公校點：《容齋隨筆》，上海：上海古籍出版社，2015。

213. （宋）何薳撰，鍾振振校點：《春渚紀聞》，上海：上海古籍出版社，2012。

214. （宋）周密撰，黃益元校點：《齊東野語》，上海：上海古籍出版社，2012。

215. （宋）周密：《武林舊事》，杭州：西湖出版社，1981。

216. （宋）王明清撰；王松清點校：《揮塵錄、後錄》，上海：上海古籍出版社，2012。

217. （宋）彭乘：《續墨客揮犀》，北京：中華書局，1991。

218. （宋）莊季裕，蕭魯陽點校：《雞肋編》，北京：中華書局，1983。

219. （宋）葉夢得：《石林避暑錄話》，上海：上海書店出版社，1990。

220. （宋）洪邁：《夷堅志》，重慶：重慶出版社，1996。

221. （宋）羅大經：《鶴林玉露》，上海：上海古籍出版社，2012。

222. （宋）周密撰；王根林校點：《癸辛雜識》，上海：上海古籍出版社，2012。

223. （宋）邵伯溫：《河南邵氏聞見錄》，上海：上海書店出版社，1990。

224. （宋）蔡襄：《茶錄》，北京：中華書局，1985。

225. （宋）趙佶：《大觀茶論》，北京：學苑出版社，2017。

226. （宋）曾慥：《類說》，北京：中國書店，2016。

227. （宋）張淏：《雲谷雜記》，北京：中華書局，1991。

228. （宋）吳曾撰，中華書局上海編輯所編輯：《能改齋漫錄》，北京：中華書局，1960。

229. （宋）樂史：《廣卓異記》，北京：中國書店出版社，2013。

230. （宋）唐積：《歙州硯譜》，北京：中華書局，1985。

231. （宋）江少虞編：《事實類苑》，上海：上海古籍出版社，1993。

232. （宋）呂本中：《東萊呂紫微師友雜誌》，北京：中華書局，1985。

233. （宋）惠洪撰；（宋）費袞撰；李保民，金圓校點：《冷齋夜話；梁溪漫志》，上海：上海古籍出版社，2012。

234. （宋）曾敏行：《獨醒雜志》，上海：上海古籍出版社，1986。

235. （宋）錢易，黃休復撰：《南部新書·茅亭客話》，上海：上海古籍出版社，2012。

236. （宋）陳師道，（宋）朱彧撰：《後山談叢·萍洲可談》，上海：上海古籍出版社，1989。

237. （宋）岳珂撰；吳敏霞校注：《桯史》，西安：三秦出版社，2004。

238. （宋）歐陽修著；王雲校；王雲整理：《洛陽牡丹記外十三種》，上海：上海書店，2017。

239. （宋）陳舜俞：《廬山記》，北京：中華書局，1985。

240. （宋）陸游著；蔣方校注：《入蜀記校注》，武漢：湖北人民出版社，2004。

241. （宋）王應麟：《困學紀聞》，上海：上海古籍出版社，2015。

242. （宋）曾慥編：《類說》，上海：上海古籍出版社，1993。

243. （宋）洪适：《隸釋隸續〔彙編〕》，中華書局，1985。

244. （宋）陶穀，吳淑撰：《清異錄·江淮異人錄》，上海：上海古籍出版社，2012。

245. （宋）張世南：《遊宦紀聞》，北京：中華書局，1981。

246. （宋）吳自牧：《東京夢華錄》，杭州：浙江古籍出版社，2019。

247. （宋）陳彭年等著：《廣韻》，北京：商務印書館，1936。

248. （宋）丁度編：《集韻》，上海：上海古籍出版社，2017。

249. （宋）朱熹：《詩集傳》，《朱子全書》本，上海：上海古籍出版社，合肥：安徽教育出版社，2002。

250. （宋）朱熹：《楚辭集注》，上海：上海古籍出版社，1979。

251. （宋）郭茂倩編：《樂府詩集》，上海：上海古籍出版社，2016。

252. （宋）於濟，蔡正孫著，卞東波校證：《唐宋千家聯珠詩格校證》，南京：鳳凰出版傳媒集團，2007。

253. （宋）歐陽修，（宋）司馬光撰：《六一詩話·溫公續詩話》，北京：中華書局，2014。

254. （宋）惠洪，朱弁，吳沆：《冷齋夜話·風月堂詩話·環溪詩話》，北京：中華書局，1988。

255. （宋）黃徹：《䂬溪詩話》，北京：中華書局，1991。

256. （宋）魏慶之：《詩人玉屑》，上海：上海古籍出版社，1978。

257. （宋）許顗：《許彥周詩話》，北京：商務印書館，1939。

258. （宋）葛立方：《韻語陽秋》，北京：中華書局，1985。

259. （宋）張表臣編：《珊瑚鉤詩話》，北京：中華書局，1985。

260. （宋）周紫芝：《竹坡詩話》，北京：中華書局，1985。

261. （金）元好問撰，趙永源校注：《遺山樂府校注》，南京：鳳凰出版社，2006。

262. （元）趙道一：《歷世真仙體道通鑒》，上海：上海古籍出版社，1996。

263. （元）脫脫等：《宋史》，北京：中華書局，1985。

264. （元）脫脫：《遼史》，北京：中華書局，1974。

265. （元）脫脫：《金史》，北京：中華書局，1975。

266. （元）陶宗儀撰，李夢生校點：《南村輟耕錄》，上海古籍出版社，2012。

267. （元）蔣正子：《山房隨筆》，北京：中華書局，1988。

268. （元）李孝光撰；陳增傑校注：《李孝光集校注》，杭州：浙江古籍出版社，2016。

269. （元）韋居安著：《梅磵詩話》，丁福保輯：《歷代詩話續編》，北京：中華書局，1983。

270. （元）俞希魯編纂：《至順鎮江志》，南京：江蘇古籍出版社，1999。

271. （明）宋濂等：《元史》，北京：中華書局，1976。

272. （明）王圻纂輯：《續文獻通考》，杭州：浙江古籍出版社，1988。

273. （明）鄧韍：《嘉靖常熟縣志》，揚州：廣陵書社，2016。

274. （明）程敏政輯：《新安文獻志》，合肥：黃山書社，2003。

275. （明）周瑛，黃仲昭著：《重刊興化府志》，福建人民出版社，2007。

276. （明）田汝成：《西湖遊覽志餘》，上海：上海古籍出版社，1958。

277. （明）陳耀文輯：《花草粹編》，保定：河北大學出版社，2007。

278. （明）馮夢龍輯；劉孝嚴，莊培厚主編：《白話言情小說全書》，長春：吉林文史出版社，1994。

279. （明）馮夢龍編：《中國古典笑話全集》，北京：京華出版社，2003。

280. （明）楊慎撰；王大亨：《丹鉛總錄箋證》，杭州：浙江古籍出版社，2013。

281. （明）楊慎編；劉琳，王曉波點校：《全蜀藝文志》，北京：線裝書局，2003。

282. （明）許次紓：《茶疏》，北京：中華書局，1985。

283. （明）徐象梅：《兩浙名賢錄》，杭州：浙江古籍出版社，浙江出版聯合集團，2012。

284. （明）瞿汝稷編撰；德賢，侯劍整理：《指月錄》，成都：巴蜀書社，2012。

285. （明）陶宗儀等編：《說郛三種》，上海：上海古籍出版社，1988。

286. （明）朱棣集注：《金剛般若波羅蜜經集注》，上海：上海古籍出版社，2011。

287. （明）徐復祚：《明清傳奇選刊·紅梨記》，北京：中華書局，1988。

288. （明）謝肇淛：《五雜組》，北京：中華書局，1959。

289. （明）楊慎：《詞品》，瀋陽：萬卷出版公司，2014。

290. （明）楊慎著；王仲鏞箋證：《升菴詩話箋證》，上海：上海古籍出版社，1987。

291. （明）吳訥：《文章辨體序題》，北京：人民文學出版社，2016。

292. （明）高濂著，王大淳整理：《高濂集》，杭州：浙江古籍出版社，2015。

293. （清）張廷玉等：《明史》，北京：中華書局，1974。

294. （清）黃本驥：《歷代職官表》，上海：上海古籍出版社，1980。

295. （清）畢沅編著：《續資治通鑑》，上海：上海古籍出版社，1987。

296. （清）錢大昕：《廿二史考異》，南京：鳳凰出版傳媒集團，2008。

297. （清）謝啟昆修，胡虔纂：《廣西通志》，南寧：廣西人民出版社，1988。

298. （清）黃之雋等編纂；（清）趙弘恩監修：《乾隆江南通志》，揚州：廣陵書社，2010。

299. （清）靖道謨纂；鄂爾泰等修：《雲南通志》，揚州：江蘇廣陵古籍刻印社，1988。

300. （清）楊訒纂修：《道光泰和縣志》，清光緒六年。

301. （清）陳振藻纂：《乾隆銅山志》，上海：上海書店，2000。

302. （清）錢雅樂、錢敏捷、錢質和輯，朱繼峰、黃曉華、王楓校注：《湯液本草經雅正》，北京：中國中醫藥出版社，2015。

303. （清）陳運溶，（清）王仁俊輯；石洪運點校：《荊州記九種》，武漢：湖北人民出版社，1999。

304. （清）俞夢蕉撰；孫順霖校注：《焦軒摭錄》，鄭州：中州古籍出版社，2012。

305. （清）孫衣言：《甌海軼聞》，上海：上海社會科學院出版社，2005。

306. （清）王士禛著，文益人校點：《池北偶談》，濟南：齊魯書社，2007。

307. （清）褚人獲輯撰，李夢生校點：《堅瓠集》，上海：上海古籍出版社，2012。

308. （清）江涵暾著；郭瑞華點校：《筆花醫鏡》，天津：天津科學技術出版社，1999。

309. （清）李清馥；何乃川點校：《閩中理學淵源考》，北京：商務印書館，2018。

310. （清）王梓材，（清）馮雲濠撰：《宋元學案補遺》，揚州：廣陵書社，2006。

311. （清）查慎行，張玉亮等點校：《得樹樓雜鈔》，《查慎行集》，杭州：浙江古籍出版社，2018。

312. （清）梁紹壬撰；莊葳校點：《兩般秋雨盦隨筆》，上海：上海古籍出版社，2012。

313. （清）郭慶藩：《莊子集釋》，北京：中華書局，2004。

314. （清）畢沅校注；吳旭民標點：《墨子》，上海：上海古籍出版社，1995。

315. （清）紀昀：《閱微草堂筆記》，上海：上海古籍出版社，2001。

316. （清）鈕琇：《觚剩》，上海：上海古籍出版社，1986。

317. （清）杜文瀾輯：《古謠諺》，中華書局，1958。

318. （清）彭定求等：《全唐詩》，北京：中華書局，1960。

319. （清）曾唯輯：《東甌詩存》，上海：上海社會科學院出版社，2006。

320. （清）厲鶚輯：《宋詩紀事》，上海：上海古籍出版社，2013。

321. （清）陸心源：《宋詩紀事補遺》，太原：山西古籍出版社，1997。

322. （清）查慎行撰，張玉亮等點校：《查慎行集》，浙江古籍出版社，2014。

323. （清）愛新覺羅・弘曆編：《唐宋文醇》，北京：中國文學出版社，2000。

324. （清）孫濤輯：《全唐詩話續編》，上海：上海醫學書局，1927。

325. （清）姚鼐纂集；胡士明，李祚唐標校：《古文辭類纂》，上海：上海古籍出版社，2016。

326. （清）嚴可均輯：《全漢文》，北京：商務印書館，1999。

327. （清）上彊村民選編，劉文蘭注譯：《宋詞三百首》，武漢：崇文書局，2015。

328. （民國）李警眾：《嚼舌錄》，上海：震亞圖書局，1927。

329. （民國）葛煦存原編：《詩詞趣話》，北京：書目文獻出版社，1995。

330. （民國）詹繼良纂：《五夫子里志稿》，上海：上海書店出版社，1992。

331. 《十三經注疏》整理委員會整理；李學勤主編：《十三經注疏（《詩經》《尚書》《周禮》《儀禮》《禮記》《易經》《左傳》《公羊傳》《穀梁傳》《論語》《爾雅》《孝經》《孟子》）》，北京：北京大學出版社，1999。

332. 徐元梅等修：《嘉慶山陰縣志》，臺灣：成文出版社，1983。

333. 劉琳，刁忠民，舒大剛等校點：《宋會要輯稿》，上海：上海古籍出版社，2014。

334. 趙爾巽等：《清史稿》，北京：中華書局，1998。

335. 嵇曾筠：《浙江通志》，北京：商務印書館，1934。

336. 曾棗莊，劉琳主編：《全宋文》，上海：上海辭書出版社，2006。

337. 北京大學古文獻研究所：《全宋詩》，1-72 冊，北京：北京大學出版社，1991～1998。

338. 陳新等補正：《全宋詩訂補》，鄭州：大象出版社，2005。

339. 湯華泉輯：《全宋詩輯補》，合肥：黃山書社，2016。

340. 朱德才主編：《增訂校注全宋詞》，北京：文化藝術出版社，1997。

341. 李修生主編：《全元文》，南京：鳳凰出版社，2004。

342. 唐圭璋編纂；孔凡禮補輯：《全宋詞》，北京：中華書局，1999。

343. 曾棗莊主編：《宋代序跋全編》，濟南：齊魯書社，2015。

344. 程毅中主編：《宋人詩話外編》，北京：國際文化出版公司，1996。

345. 唐圭璋：《宋詞紀事》，上海：上海古籍出版社，1982。

346. 孫克強編著：《唐宋人詞話》，天津：南開大學出版社，2012。

347. 孫克強，岳淑珍編著：《金元明人詞話》，天津：南開大學出版社，2012。

348. 顧宏義，李文整理：《宋代日記叢編》，上海：上海書店出版社，2013。

349. 王兆鵬，王可喜，方星移著：《兩宋詞人叢考》，南京：鳳凰出版傳媒集團，2007。

350. 張劍：《宋名臣詩人張守及其家族事蹟考辨》，趙敏俐主編：《中國詩歌研究》，第六輯，北京：中華書局，2010。

351. 陳小輝：《宋代詩社研究》，南昌：江西人民出版社，2014。

352. 呂友仁主編，查洪德副主編：《中州文獻總錄》，鄭州：中州古籍出版社，2002。

353. 何新所：《昭德晁氏家族研究》，上海：上海古籍出版社，2006。

354. 王兆鵬：《兩宋詞人年譜》，臺北：文津出版社，1994。

355. 姚惠蘭：《宋南渡詞人群與多元地域文化》，上海：東方出版中心，2011。

356. 楊宏聲：《道家和平思想研究》，南京：南京出版社，2008。

357. 林陽華，常先甫，李懿著：《北宋詩人沈遼研究》，成都：四川大學出版社，2011。

358. 任群：《周紫芝年譜》，西安：世界圖書出版西安有限公司，2014。

359. 劉煥陽：《宋代晁氏家族及其文獻研究》，濟南：齊魯書社，2004。

360. 陳文新主編：《中國文學編年史（宋遼金卷）》，長沙：湖南人民出版社，2006。

361. 吉林大學古籍研究所編：《金景芳教授百年誕辰紀念文集》，長春：吉林大學出版社，2002。

362. 于欣力，傅泊寒編著：《中國茶詩研究》，昆明：雲南大學出版社，2008。

363. （美）韓明士：《道與庶道：宋代以來的道教、民間信仰和神靈模式》，南京：江蘇人民出版社，2007。

364. 歐陽光：《宋元詩社研究叢稿》，廣州：廣東高等教育出版社，1996。

365. 程毅中：《宋元小說研究》，南京：江蘇古籍出版社，1999。

366. 陳國代：《朱子學關涉人物裒輯·拱辰集》，北京：大眾文藝出版社，2008。

367. 曾棗莊：《中國古代文體學》，上海：上海人民出版社，上海書店出版社，2012。

368. 王文碎主編：《愛國狀元王十朋：紀念宋龍圖閣學士王十朋誕辰 890 週年》，合肥：黃山書社，2002。

369. 胡問濤，羅琴著：《馮時行及其〈縉雲文集〉研究》，成都：巴蜀書社，2002。

370. 吳國武：《兩宋經學學術編年》，南京：鳳凰出版社，2015。

371. 朱剛，陳珏著：《宋代禪僧詩輯考》，上海：復旦大學出版社，2012。

372. 卿三祥，李景焉編著：《蘇軾著述考》，成都：四川大學出版社，2016。

373. 周夢江：《葉適年譜》，杭州：浙江古籍出版社，2006。

374. 魏峰：《宋代遷徙官僚家族研究》，上海：上海古籍出版社，2010。

375. 孟穗東主編；李君明編：《東莞文人年表》，廣州：廣東人民出版社，2015。

376. 王承略，楊錦先：《李燾學行詩文輯考》，上海：上海古籍出版社，2004。

377. 岳珍：《王灼行年補考》，王利民，武海軍主編：《第八屆宋代文學國際研討會論文集》，廣州：中山大學出版社，2015。

378. 楊俊才：《南宋詩人姜特立研究》，延吉：延邊大學出版社，2009。

379. 黎清著；夏漢寧主編：《宋代江西文學家族研究》，廣州：中山大學出版社，2013。

380. 于北山：《楊萬里年譜》，上海：上海古籍出版社，2006。

381. 丁廣惠：《中國傳統禮俗考》，哈爾濱：黑龍江教育出版社，2012。

382. 劉文源：《楊萬里和吉水楊氏家族》，康泰，肖東海主編：《蜜成猶帶百花香·第二屆全國楊萬里學術討論會論文集》，南昌：江西高校出版社，1999。

383. 王智勇：《南宋吳氏家族的興亡——宋代武將家族個案研究》，成都：巴蜀書社，1995。

384. 胡昭曦，劉復生，粟品孝著：《宋代蜀學研究》，成都：巴蜀書社，1997。

385. 李劍國：《宋代志怪傳奇敘錄》，天津：南開大學出版社，1997。

386. 束景南：《朱熹年譜長編》，上海：華東師範大學出版社，2001。

387. 方健：《南宋農書考》，范立舟，曹家齊主編：《張其凡教授榮開六秩紀念文集》，成都：上海人民出版社，2009。

388. 吳壽彭編著，吳天行整理：《宋詩傳》，上海：上海古籍出版社，2015。

389. 陳國代：《朱熹在福建的行蹤》，北京：作家出版社，2007。

390. 程永濤，倪曉建主編；周惠編著：《宋朝狀元詩榜眼詩探花詩》，北京：崑崙出版社，2009。

391. 祝尚書：《宋代文學探討集》，鄭州：大象出版社，2007。

392. 四川大學古籍整理研究所，四川大學宋代文化研究資料中心編：《宋代文化研究》，第 22 輯，成都：四川大學出版社，2016。

393. 祝尚書：《宋人總集敘錄》，北京：中華書局，2004。

394. 李發林：《漢畫考釋和研究》，北京：中國文聯出版社，2000。

395. 周延良：《〈文木山房詩說〉與〈詩經〉學案叢考》，天津：百花文藝出版社，2002。

396. 楊松水：《兩宋壽州呂氏家族著述研究》，合肥：黃山書社，時代出版傳媒股份有限公司，2012。

397. 曾祥波：《杜詩考釋》，上海：上海古籍出版社，2016。

398. 方健：《北宋士人交遊錄》，上海：上海書店出版社，2013。

399. 王宇：《劉克莊與南宋學術》，北京：中華書局，2007。

400. 程章燦：《劉克莊年譜》，貴陽：貴州人民出版社，1993。

401. 王宏生：《北宋書學文獻考論》，上海：上海三聯書店，2008。

402. 侯體健：《劉克莊的文學世界——晚宋文學生態的一種考察》，上海：復旦大學出版社，2013。

403. 王述堯：《劉克莊與南宋後期文學研究》，上海：東方出版中心，2008。

404. 魏崇周：《邵雍文學思想研究》，鄭州：中州古籍出版社，2009。

405. 嚴其林：《鎮江進士研究》，上海：復旦大學出版社，2014。

406. 昌彼得等編：《宋人傳記資料索引》，北京：中華書局，1988。

407. 李國玲編纂：《宋人傳記資料索引補編》，成都：四川大學出版社，1994。

408. 魏新河編著：《詞學圖錄》，合肥：黃山書社，2011。

409. 彭萬隆，肖瑞峰著：《西湖文學史·唐宋卷》，杭州：浙江大學出版社，2013。

410. 張如安：《胡山甫即胡三省說辨誤》，《浙東文史論叢》，北京：中國文聯出版社，2000。

411. 林正秋：《南宋臨安文化》，杭州：杭州出版社，2010。

412. 姜亮夫：《姜亮夫全集·楚辭通故》，昆明：雲南人民出版社，2002。

413. 牛繼清主編：《安徽文獻研究集刊》，第 4 卷，合肥：黃山書社，2011。

414. 王德毅，李榮村，淵柏澄編：《元人傳記資料索引》，北京：中華書局，1987。

415. 趙盼超：《元代畫學研究》，北京：中央民族大學出版社，2014。

416. 曾棗莊，吳洪澤著：《宋代編年史》，南京：鳳凰出版社，2010。

417. 王國維：《王國維遺書》，上海：上海古籍書店，1983。

418. 陳寅恪：《金明館叢稿二編》，臺灣：里仁書局，1981。

419. 鄧廣銘：《鄧廣銘學術論著自選集》，北京：首都師範大學出版社，1994。

420. （清）紀昀等：《四庫全書總目》，北京：中華書局，1965。

421. 王水照，崔銘著：《歐陽修傳》，天津：天津人民出版社，2013。

422. 傅璇琮主編；祝尚書本卷主編：《宋才子傳箋證（北宋前期卷）》，瀋陽：遼海出版社，2011。

423. 吳熊和主編：《唐宋詞彙評（兩宋卷）》，杭州：浙江教育出版社，2004。

424. 譚新紅等編：《蘇軾詞全集彙校彙注彙評》，武漢：崇文書局，2015。

425. 鄭翔主編：《江西歷代進士全傳》，上海：上海古籍出版社，2016。

426. 孫克強編著：《唐宋人詞話》，天津：南開大學出版社，2012。

427. 鄭在瀛編著：《李商隱詩全集彙編彙注彙校》，武漢：崇文書局，2015。

428. 四川大學古籍所編：《宋集珍本叢刊》，第一〇八冊，北京：線裝書局，2004。

429. 湯貴仁，劉慧主編：《泰山文獻集成》，濟南：泰山出版社，2005。

430. 羅時進編選：《杜牧集》，南京：鳳凰出版社，2014。

431. 郭齊，尹波點校：《朱熹集》，成都：四川教育出版社，1996。

432. 徐漢明校注：《辛棄疾全集校注》，武漢：華中科技大學出版社，2012。

433. 張光賓：《元朝書畫史研究論集》，國立故宮博物院，1979。

434. 夏咸淳，曹林娣主編；曹林娣，沈嵐著：《中國園林美學思想史·隋唐五代兩宋遼金元卷》，上海：同濟大學出版社，2015。

435. 南懷瑾著述：《莊子集解》，上海：復旦大學出版社，2016。

436. 孟慶祥等譯：《莊子譯注》，哈爾濱：黑龍江人民出版社，2003。

437. 梁申威等編著：《禪詩奇趣》，太原：山西人民出版社，2006。

438. 何偉：《中國古代吏部名人》，鄭州：中州古籍出版社，2016。

439. 李之亮：《宋代京朝官通考》，成都：巴蜀書社，2003。

440. 龔延明，祖慧編：《宋代登科總錄》，桂林：廣西師範大學出版社，2014。

441. 余德泉、孟成英編著：《古今絕妙對聯彙賞》，廣州：廣東人民出版社，1998。

442. 錢林書編著：《續漢書郡國志彙釋》，合肥：安徽教育出版社，2007。

443. 周欣等：《歸安陌宋樓書目題跋研究》，成都：四川大學出版社，2015。

444. 李尚師：《晉國通史》，太原：山西人民出版社，2014。

445. 王景福主編：《宣城歷代名人》，呼和浩特：遠方出版社，2007。

446. 鄭建新編著：《解讀徽州祠堂》，合肥：黃山書社，2013。

447. 陳光崇：《中國史學史論叢》，瀋陽：遼寧人民出版社，1984。

448. 宋史座談會編輯：《宋史研究集》，第九輯，中華叢書編審委員會，1977。

449. 唐壬森：《光緒蘭溪縣志》，臺灣：成文出版社，1973。

450. 陳名實：《閩越叢談》，廈門：廈門大學出版社，2012。

451. 洪振寧：《溫州文化史圖說》，杭州：浙江攝影出版社，2012。

452. 鄧洪波：《湖南書院史稿》，長沙：湖南教育出版社，2013。

453. 王克文，余方德：《湖州人物志》，上海：上海社會科學院出版社，1990。

454. 李連祥編：《唐詩常用語詞》，天津：百花文藝出版社，2009。

455. 泉州市文化廣電新聞出版局編：《安平橋志》，廈門：廈門大學出版社，2014。

456. 陳書錄主編；程傑，范曉婧，張石川編著：《宋遼金元歌謠諺歌語集》，南京：南京師範大學出版社，2014。

457. 沈建東等著：《風俗裏的吳中》，南京：鳳凰出版社，2015。

458. 王文才主編：《成都城坊考》，成都：巴蜀書社，1986。

459. 桂林市文物管理委員會編：《桂林石刻》，桂林市文物管理委員會出版，無年份。

460. 胡傳淮主編，陳名揚等副主編：《遂寧風雅》，北京：現代出版社，2017。

461. 蔣冀騁，吳福祥：《近代漢語綱要》，長沙：湖南教育出版社，1997。

462. 嚴長明輯：《千首宋人絕句》，上海：上海書店，1991。

463. 唐富水主編；謝家義等副主編：《吉水縣人物志》，《吉水縣人物志》，編纂委員會，2006。

464. 蔡中民：《圍棋文化詩詞選》，成都：蜀蓉棋藝出版社，1989。

465. 黃彭年等：《畿輔通志》，臺灣：華文書局股份有限公司，1968。

466. 潛山縣博物館編：《天柱山山谷流泉石刻》，合肥：安徽美術出版社，2011。

467. 中國佛教文化研究所編著：《俗語佛源》，上海：中西書局，2013。

468. 揚之水：《宋代花瓶》，北京：人民美術出版社，2014。

469. 魏磊：《淨宗法語大觀》，天津：百花洲文藝出版社，2010。

470. 福州市地方志編纂委員會編：《福州人名志》，福州：海潮攝影藝術出版社，2007。

471. 中華書局編：《永樂大典》，北京：中華書局，1960。

472. 辛朝毅編輯：《民國辛未年（1931）番禺縣續志》，廣州：廣東人民出版社，2000。

473. 李致忠：《昌平集》，上海：上海古籍出版社，2012。

474. 任繼愈主編；（清）莊仲方編：《中華傳世文選‧南宋文範》，長春：吉林人民出版社，1998。

475. 張如安：《南宋寧波文化史》，杭州：浙江大學出版社，2013。

476. 張明華：《黃虞稷和千頃堂書目》，北京：國際文化出版公司，1994。

477. 李厚之等纂輯：《安康歷代名人錄》，西安：三秦出版社，2010。

478. 馬蓉等點校：《永樂大典方志輯佚》，北京：中華書局，2004。

479. 國務院古籍整理出版規劃小組編：《古籍點校疑誤彙錄》，北京：中華書局，1990。

480. 常敏毅：《日華子本草輯注》，北京：中國醫藥科技出版社，2016。

481. 錢基博：《錢基博著作集‧經學通志》，上海：上海古籍出版社，2011。

482. 田自秉，華覺明主編：《歷代工藝名家》，鄭州：大象出版社，2008。

483. 豈水編校：《不忍細看·歷代筆記中的趣事逸聞》，北京：中國和平出版社，2014。

484. 孟社旗主編：《析城山詩集》，太原：山西人民出版社，2014。

485. 程章燦主編；楊化坤等編寫：《詩棲名山》，南京：鳳凰出版社，2015。

486. 王樹芬，吳勇，李琳等編著：《太醫名醫 300 奇難醫案賞析》，北京：中國中醫藥出版社，2012。

487. 李若暉：《老子集注彙考》，上海：上海辭書出版社，2015。

488. 高偉：《金元醫學人物》，蘭州：蘭州大學出版社，1994。

489. 劉體恕，陶煦原輯；李安綱，趙曉鵬編著：《圖說呂祖故事》，北京：中國社會出版社，2012。

490. 張希清等主編；張希清著：《中國科舉制度通史（宋代卷）》，上海：上海人民出版社，2015。

491. 吳仁華主編：《林紓讀本》，福州：福建教育出版社，2016。

492. 上海古籍出版社編：《宋元筆記小說大觀·山房隨筆》，上海：上海古籍出版社，2007。

493. 張守常輯：《中國近世謠諺》，北京：北京出版社，1998。

494. 胡守為：《嶺南古史》，廣州：廣東人民出版社，2014。

495. 顧希佳編著：《中國古代民間故事長編（宋元卷）》，杭州：浙江大學出版社，2012。

496. 徐公，姚蘭編：《古代謎詩集錦》，太原：山西教育出版社，1995。

497. 陳裕生：《馮夢龍《隱語》淺析》，王凌，劉春民主編.福建·壽寧馮夢龍文化高峰論壇論文集》，福州：海峽文藝出版社，2015。

498. 程俊英譯著：《詩經譯注》，上海：上海古籍出版社，2014。

499. 張文治編：《國學治要》，北京：北京理工大學出版社，2014。

500. 政協萍鄉市城關區文史資料研究委員會：《萍鄉城關文史資料》，第 2 輯，1990。

501. 寶天語、張亮主編，江寧縣政協文史委員會編印：《江寧勝蹟》。

502. 龍顯昭主編:《巴蜀佛教碑文集成》,成都:四川出版社,2004。

503. 黃榮春主編:《福州十邑摩崖石刻》,福州:福建美術出版社,2008。

504. 弘學注:《楞嚴簡注》,成都:巴蜀書社,2002。

505. 周承松:《大乘光明正覺禪》,《周承松居士文集》,北京:宗教文化出版社,2015。

506. 圓香釋譯:《大乘本生心地觀經》,北京:東方出版社,2020。

507. 潘桂明:《大慧普覺禪師語錄》,北京:東方出版社,2018。

508. 秋爽,姚炎祥主編:《寒山寺文化論壇論文集(2008)》,上海:上海古籍出版社,2009。

509. 光泉主編:《靈隱寺與南宋佛教:第三屆靈隱文化研討會論文集》,北京:宗教文化出版社,2015。

510. 杜潔祥:《中國佛寺史志彙刊·金陵梵刹志,天童寺志》,臺灣:明文書局,1980。

511. 莊圓法師:《莊圓法師講因果經》,西安:陝西師範大學出版社,2007。

512. (印)伽斯那輯;(印)求那毗地譯:《百喻經》,杭州:金陵書畫社,1981。

513. 潘桂明釋譯;星雲大師總監修:《大慧普覺禪師語錄》,北京:東方出版社,2018。

514. 賴永海主編;王彬譯注:《法華經·佛教十三經》,北京:中華書局,2018。

515. 陳貽焮主編:《增訂注釋全唐詩》,北京:文化藝術出版社,2001。

516. 丁傳靖輯:《宋人軼事彙編》,北京:中華書局,1981。

517. 薛瑞兆,郭明志編纂:《全金詩》,天津:南開大學出版社,1995。

518. 周祖謨校箋:《方言校箋》,北京:中華書局,1950。

519. 周紹良編輯:《敦煌變文彙錄》,上海:上海出版公司,1954。

520. 漢語大字典編輯委員會:《漢語大字典》,武漢:湖北辭書出版社,1988。

521. 張岱年主編:《孔子百科辭典》,上海:上海辭書出版社,2010。

522. 楊伯峻,徐提:《春秋左傳詞典》,北京:中華書局,1985。

523. 馮惠民等編:《通鑒地理注詞典》,濟南:齊魯書社,1986。

524. 張岱年主編：《中國哲學大辭典》，上海：上海辭書出版社，2010。

525. 葉大兵，烏丙安：《中國風俗辭典》，上海：上海辭書出版社，1990。

526. 鄭天挺，譚其驤主編：《中國歷史大辭典》，上海：上海辭書出版社，2010。

527. 復旦大學歷史地理研究所：《中國歷史地名辭典》，南昌：江西教育出版社，1986。

528. 張政烺：《中國古代職官大辭典》，鄭州：河南人民出版社，1990。

529. 龔延明：《中國歷代職官別名大辭典》，上海：上海辭書出版社，2006。

530. 段木干主編：《中外地名大辭典》，臺中：人文出版社，1981。

531. 周海平等主編：《黃帝內經大詞典》，北京：中醫古籍出版社，2008。

532. 達美君主編：《簡明中醫語詞辭典》，上海：上海科學技術出版社，2004。

533. 張志哲主編：《中華佛教人物大辭典》，合肥：黃山書社，2006。

534. 中國宗教協會編：《中國宗教百科大辭典》，北京：中國民族音像出版社，2007。

535. 徐成志編著：《中華山水掌故辭典》，廣州：廣東人民出版社，1997。

536. 牛汝辰編：《中國地名掌故詞典》，北京：中國社會出版社，2016。

537. 李劍平主編：《中國神話人物辭典》，西安：陝西人民出版社，1998。

538. 楊吉成主編：《中國生肖詩歌大典》，成都：巴蜀書社，2013。

539. 應有勤，孫克仁編著：《中國樂器大詞典》，上海：上海世紀出版集團教育出版社，2015。

540. 錢玉林，黃麗麗主編：《中華傳統文化辭典》，上海：上海大學出版社，2009。

541. 梁披雲：《中國書法大辭典》，香港：香港書譜出版社，1984。

542. 古健青，張桂光等：《中國方術大辭典》，廣州：中山大學出版社，1991。

543. 黃鈞，徐希博主編：《京劇文化詞典》，上海：漢語大詞典出版社，2001。

544. 本社編：《中國詩詞精典》，濟南：山東大學出版社，1994。

545. 范之麟，吳庚舜主編：《全唐詩典故辭典》，武漢：湖北辭書出版社，1989。

546. 范之麟主編：《全宋詞典故辭典》，武漢：湖北辭書出版社，2001。

547. 金啟華主編；趙洪林：《全宋詞典故考釋辭典》，長春：吉林文史出版社，1991。

548. 姜漢椿，李鋒編著：《常用典故辭典》，上海：華東師範大學出版社，2008。

549. 于石等編著：《常用典故詞典》，上海：上海辭書出版社，2013。

550. 趙應鐸主編：《漢語典故大辭典》，上海：上海辭書出版社，2007。

551. 何金鎧編著：《中華詩詞曲對仗大辭典》，西安：陝西人民出版社，2015。

552. 呂薇芬主編：《全元曲典故辭典》，武漢：湖北辭書出版社，2001。

553. 傅璇琮，許逸民等主編：《中國詩學大辭典》，杭州：浙江教育出版社，1999。

554. 馬興榮，吳熊和等主編：《中國詞學大辭典》，杭州：浙江教育出版社，1996。

555. 魏嵩山主編：《中國古典詩詞地名詞典》，南昌：江西教育出版社，1989。

556. 何寶民主編：《中國詩詞曲賦辭典》，鄭州：大象出版社，1997。

557. 錢仲聯等著：《中國文學大辭典》，上海：上海辭書出版社，2000。

558. 張忠綱主編：《全唐詩大辭典》，北京：語文出版社，2000。

559. 中國牡丹全書編纂委員會編：《中國牡丹全書》，北京：中國科學技術出版社，2002。

560. 張毅，陳翔編著：《明代著名詩人書畫評論彙編》，天津：南開大學出版社，2016。

561. 錢伯城主編，趙昌平編著：《唐詩選》，上海：上海書店出版社，1993。

562. 丁功誼，劉德清編著：《歐陽修詩評注》，南昌：江西人民出版社，2012。

563. 霍松林：《宋詩舉要》，蕪湖：安徽師範大學出版社，2015。

564. 殷光熹主編：《姜夔詩詞賞析集》，成都：巴蜀書社，1994。

565. 胡迎建主編：《鄱陽湖歷代詩詞集注評》，南昌：江西人民出版社，2015。

566. 賈克映編：《歷代詠石詩歌選注》，西安：三晉出版社，2009。

567. 賈雯鶴主編；《夔州詩全集》編輯委員會編：《夔州詩全集（宋代卷）》，重慶：重慶出版社，2009。

568. 陶文鵬主編：《宋詩精華》，桂林：廣西師範大學出版社，1996。

569. 葛傑，倉陽卿選注：《絕句三百首》，上海：上海古籍出版社，1980。

570. 王水照，朱剛：《宋詩一百首》，上海：上海古籍出版社，1997。

571. 葉維恭：《詠贛詩三百首注》，南昌：江西人民出版社，1987。

572. 高海夫：《范成大詩選注》，上海：上海古籍出版社，1997。

573. 周汝昌：《楊萬里詩選》，石家莊：河北教育出版社，1999。

574. 鍾振振：《唐宋詞舉要》，蕪湖：安徽師範大學出版社，2015。

575. 朱乃良，許學東，張世英主編：《湖州茶詩》，杭州：浙江古籍出版社，2008。

576. 張如安編著：《寧波歷代飲食詩歌選注》，杭州：浙江大學出版社，2014。

577. 本書編委會編：《宋元詩觀止》，上海：學林出版社，2015。

578. 蕭東海編著：《宋代吉安名家詩詞文選》，南昌：江西高校出版社，2001。

579. 黃雨：《歷代名人入粵詩選》，廣州：廣東人民出版社，1980。

580. 石理俊主編：《中國古今題畫詩詞全璧》，石家莊：河北教育出版社，1994。

581. 王昶：《詩詞曲名句賞析》，北京：商務印書館，2015。

582. 夏承燾等著：《宋詞鑒賞辭典》，上海：上海辭典書出版社，2013。

583. 劉尊明，朱崇才編著：《休閒宋詞鑒賞辭典》，北京：商務印書館，2015。

584. 余章瑞：《歷代諧趣詩詞欣賞》，北京：人民日報出版社，1994。

585. 倪進選注：《唐宋筆記選注》，上海：上海教育出版社，2016。

586. 惠淇源：《歷代抒情小賦品彙》，合肥：安徽教育出版社，1995。

587. 陶勇清主編：《廬山歷代書法精品百幅》，南昌：江西美術出版社，2012。

588. 王兆鵬：《建構性靈的自然——楊萬里「誠齋體」別解》，《文學遺產》，1992（6）。

589. 錢建狀，王兆鵬：《宋詩人莊綽、郭印、林季仲和曹勳生卒年考辨》，《文獻》，2004（1）。

590. 辛更儒：《《誠齋集》所載楊萬里家族人物考》，《中國典籍與文化》，2007（2）。

591. 李靜：《宋代「戲作」詞的體類及其嬗變》，《北京大學學報》（哲學社會科學版），2014（5）。

592. 陳開林、魏欣：《《全宋文》佚文輯補九篇》，《淮南師範學院學報》，2015
（5）。

593. 伍聯群：《略論蜀人馮山的交遊及其詩歌》，《綿陽師範學院學報》，2018
（4）。